国家农业科技园区创新能力评价报告 2016—2017

中国农村技术开发中心 著

科学技术文献出版社
SCIENTIFIC AND TECHNICAL DOCUMENTATION PRESS
·北京·

图书在版编目（CIP）数据

国家农业科技园区创新能力评价报告. 2016—2017 / 中国农村技术开发中心著. —北京：科学技术文献出版社，2017.12
ISBN 978-7-5189-3689-2

Ⅰ. ①国… Ⅱ. ①中… Ⅲ. ①农业技术—高技术园区—技术发展—研究报告—中国—2016—2017　Ⅳ. ① F324.3

中国版本图书馆 CIP 数据核字（2017）第 295316 号

国家农业科技园区创新能力评价报告2016—2017

| 策划编辑：李　蕊 | 责任编辑：张　红 | 责任校对：张吲哚 | 责任出版：张志平 |

出　版　者	科学技术文献出版社
地　　　址	北京市复兴路15号　邮编 100038
编　务　部	（010）58882938，58882087（传真）
发　行　部	（010）58882868，58882874（传真）
邮　购　部	（010）58882873
官方网址	www.stdp.com.cn
发　行　者	科学技术文献出版社发行　全国各地新华书店经销
印　刷　者	北京时尚印佳彩色印刷有限公司
版　　　次	2017年12月第1版　2017年12月第1次印刷
开　　　本	889×1194　1/16
字　　　数	127千
印　　　张	8
书　　　号	ISBN 978-7-5189-3689-2
定　　　价	58.00元

版权所有　违法必究

购买本社图书，凡字迹不清、缺页、倒页、脱页者，本社发行部负责调换

国家农业科技园区创新能力评价
课题组

组　　　长：贾敬敦

副　组　长：黄圣彪　高东升　杨经学

主要研究人员：杨经学　李宇飞　张　亮
　　　　　　　王　强　霍　明　李俊清
　　　　　　　张　超　王云诚　宋长青

前言

根据中共中央、国务院《关于深化科技体制改革加强国家创新体系建设的意见》（中发〔2012〕6号，以下简称中央6号文件）中关于"建立全国创新调查制度，加强国家创新体系建设监测评估"的要求，科技部下发了《关于做好建立国家创新调查制度相关工作的通知》（国科计〔2013〕64号），对国家创新调查制度建设进行了全面部署，从国家、区域、产业和企业等多方面进行创新能力监测和评价。国家农业科技园区作为国家重要的创新密集区和农业科技创新的前沿阵地，对其创新活动进行评价是国家创新调查制度的重要组成部分。

根据党中央、国务院的部署，科技部会同农业部、水利部、国家林业局、中国科学院和中国农业银行，于2000年启动国家农业科技园区建设工作。经过十多年的建设，国家农业科技园区已经发展成为中国农业科技成果集成转化的前沿阵地，农业科技型企业孵化培育的成长摇篮，一二三产业融合发展的对接平台，农业农村科技创新创业的培育基地，促进农民增收就业的重要渠道，推进农业供给侧结构性改革的强力引擎；形成了一批产业特色鲜明、发展模式多样的优质现代农业科技园区，为加速中国由传统农业向现代农业转变开辟了一条新途径。

《国家农业科技园区创新能力评价报告2016—2017》是国家农业科技园区创新能力系列报告的延续，是以国家农业科技园区创新能力评价指标体系为尺度形成的对国家农业科技园区创新能力指数及发展情况的综合评价。通过在国家层面的定性和定量分析评价，反映和呈现农业科技园区在创新活动过程中的成效和不足，为国家政策的调整和实施、园区发展的顶层设计和宏观决策提供客观依据和数据支撑。通过对园区间的多角度对比和分析，有助于展示各地区国家农业科技园区的创新水平，明晰建设发展过程中的关键因素和不足之处，以咨国家农业科技园区的健康和协调发展。

《国家农业科技园区创新能力评价报告2016—2017》继续采用国家农业科技园区创新能力评价指标体系。该体系通过全面研究农业科技园区创新能力的构成要素，综合分析创新能力的支撑、投入和产出指标，构建了创新支撑、创新水平和创新绩效3个一级指标和18个二级指标的创新能力评价体系。各指标具有相对独立性，兼顾了国家农业科技园区发展的内部和外部因素。

《国家农业科技园区创新能力评价报告2016—2017》评价样本数据以2015年全年创新能力监测数据为基础，并进一步创新和完善评价方法，在创新能力分析时侧重国家农业科技园区在建设发展过程中的创新能力动态变化情况。园区创新能力评价采用自然对数标准化的方法对原始数据进行了科学处理，消除了异方差对于评价结果的影响；利用泰尔系数对创新能力指数的总体差异进行了分析，判断出园区间创新能力差异的主要来源是区域内差异还是区域间差异；使用数据包络分析的方法，对园区创新技术效率进行了评价，发现高效使用创新资源的园区和创新效率不足的园区；并且以前一年为基期，通过数据的纵向对比和加权求和，计算出2015年的相对创新能力指数，从而了解2015年创新能力的总体动态增长状况。

园区的评价样本方面，2015年参与评价的园区样本增加了北京延庆国家农业科技园区、河北石家庄国家农业科技园区和河北定州国家农业科技园区等园区，园区样本增加为157家。其中，陕西杨凌国家农业科技园区、陕西渭南国家农业科技园区和山东滨州国家农业科技园区3家园区因各种原因未上报本年度数据，因此未纳入评价范围。

为了科学、持续做好国家农业科技园区创新能力评价工作，科技部中国农村技术开发中心联合山东农业大学大数据研究中心专门组建了国家农业科技园区创新能力评价课题组。由于国家农业科技园区基础条件差异较大，有的园区管委会不完全是独立运行机构，各园区工作人员在指标具体含义的认识上或多或少会存在一定的偏差，种种原因造成采集数据噪声较大。虽然我们采取了系列措施，力争在数据噪声处理、评价模型计算等方面做得更好，但水平有限，难免出现错误和不足。希望在以后的工作中，大家能够提出建议，帮助我们不断改进。希冀本报告的研究评价结论能够对园区的创新发展和现代化建设有所帮助。

国家农业科技园区创新能力评价

课题组

摘　要	1
第一章　国家农业科技园区创新能力总体评价	5
一、国家农业科技园区创新能力总体发展情况	7
二、国家农业科技园区创新能力指数总体分析	10
三、国家农业科技园区创新能力区域差异分析	15
四、国家农业科技园区总体创新效率分析	16
五、小结	18
第二章　国家农业科技园区创新能力分项评价	
——创新支撑评价	21
一、园区人才队伍建设稳步提升	22
二、园区创新平台建设数量质量提高明显	32
三、园区金融投资吸引力进一步增强	38
四、园区信息化基础条件明显改善，节本增效成果斐然	42
五、政府对园区建设日益重视	43
六、小结	44

第三章　国家农业科技园区创新能力分项评价
——创新水平评价　　45

一、园区创新成果略有增加　　46

二、园区集成创新能力有所增强　　52

三、园区辐射带动效果明显　　61

四、小　结　　70

第四章　国家农业科技园区创新能力分项评价
——创新绩效评价　　73

一、园区技术性收入占比依然偏低　　74

二、园区产业结构持续优化　　83

三、园区企业培育势头良好　　85

四、园区品牌建设略有增强　　94

五、园区土地产出率与劳动生产率稳步提升　　97

六、小　结　　103

附　录　　105

一、国家农业科技园区创新能力评价指标体系　　106

二、国家农业科技园区创新能力评价数据来源　　108

三、国家农业科技园区创新能力评价参评园区名单　　109

四、国家农业科技园区创新能力评价测算过程　　114

致　谢　　118

摘 要

国家农业科技园区建设工作是党中央、国务院提出的一项重要任务，其创新能力评价既是国家创新调查制度的重要组成部分，也是推动国家农业科技园区创新活动健康持续发展的重要手段。本报告包含园区创新支撑、创新水平和创新绩效3个一级指标和18个二级指标的创新能力评价指标体系，依据2015年157家国家农业科技园区的样本数据，采用赋权加总、差异分析、效率测算及纵向对比等多种研究方法相结合的方式，对国家农业科技园区的总体创新能力发展及各分项创新能力指标的状况进行了评价与测量，从而得到以下主要结论：

总体研究方面，本报告在对2015年国家农业科技园区创新能力指数进行测算的基础上，通过定性和定量结合的方式进行了深度分析，得到以下研究结论：①园区之间创新能力差异主要来源于区域内差异。②园区创新支撑表现最佳，创新水平仍然是制约园区创新能力提升的瓶颈，创新绩效的导向地位保持不变。③各园区创新能力指数在结构上差异明显，创新支撑对创新能力提升贡献较大。④园区指数总体分析方面，四类园区的创新能力指数结构差异较大，创新引领区的创新水平明显领先其他园区。创新引领区和创新示范区的数量明显增加，园区的创新能力已经初步显现，后续园区的发展和建设将趋于平衡。⑤创新能力指数的区域差异方面[①]，东部和中部园区的创新能力指数显著高于其他园区，各地区创新支撑和创新绩效无显著差异，但创新水平差异较大，已初步形成创新支撑和创新绩效双轮驱动模式。一类园区的区域分布差异

---

① 地区划分方法为：东部地区包括10个省、直辖市、自治区，分别是北京、天津、河北、上海、江苏、浙江、福建、山东、广东和海南。中部地区包括山西、安徽、江西、河南、湖北和湖南6个省。西部地区包括内蒙古、广西、重庆、四川、贵州、云南、西藏、陕西、甘肃、青海、宁夏和新疆12个省、直辖市、自治区。东北部地区包括：辽宁、吉林和黑龙江3个省。

明显，东部和中部园区在一类和二类园区的数量上优势明显。⑥园区的创新技术效率方面，除了东北地区，其他3个地区均有具有创新技术效率的园区，其中西部地区拥有的具有创新技术效率的园区数量多，且比例最高。

分项评价一——创新支撑方面。创新支撑反映了园区的有形和无形创新资源的投入和集聚情况，是创新成果形成的物质基础和重要条件。本报告结合科技人员、研发经费、投融资强度、仪器设备、研发中心、信息化和扶持政策7个方面的指标对157家园区的创新支撑指数进行了核算，并结合2014年的创新支撑状况进行了纵向对比，从而得出如下研究结论：①园区引进各类特派员情况整体保持稳定，东部园区注重个人科技特派员引入，西部园区则更注重法人科技特派员和科技特派团引入。②园区研发人员数量增长幅度明显，由此带动各区域增长，但研发人员质量仍需提高。③园区积极建设各类研发平台，数量增长明显，同时，省部级研发平台比例基本保持稳定，东部园区继续领先。④园区土地投融资强度提高明显，投资区域更加理性，东北园区成为农业投融资重点关注区域；园区研发投入强度有所降低，但西部园区研发投入强度明显增强。⑤园区信息化基础设施明显改善，各类信息技术平台不断出现，各园区积极搭建电商平台。

分项评价二——创新水平方面。创新水平反映的是各园区开展的创新活动及取得的技术成果，是衡量国家农业科技园区创新过程质量的重要指标。本报告结合授权发明专利数、科技引进、科技推广3个方面的指标对157家园区的创新水平指数进行了核算，并与2014年的创新水平状况进行了对比，从而得出如下研究结论：①园区授权发明专利数略有增加，东部园区的授权发明专利数最多。园区每百名研发人员发明专利授权数和申请数均有所上升。园区之间的授权发明专利数差异较大，有大学和科研机构支撑的园区在创新水平方面的表现明显出色。②园区引进的植物新品种有所增加，东部园区引进植物新品种数较多。引进的畜禽水产新品系显著增加，西部园区引进最多且增长最为明显。引进新技术、新产品和新设施的数量增长显著，东部园区引进新技术、新产品和新设施的数量较多。以科技引进为特征的园区集成创新能力不断增强，东部园区的表现最为出色，科技引进水平相对于中、西部和东北园区具有一定的优势。③推广的植物新品种显著增加，东部园区推广植物新品种方面优势明显。推广的畜禽水产新品系数量显著增加，但相对于推广的植物新品种仍然偏少，东部园区推广畜禽水产新品系方面延续优势，西部园区较去年出现大幅提升。推广的新技术、新产品和新设施数量有所增加，东部园区推广新技术、新产品和新设施的数量最多，西部园区增长明显。成果辐射能力整体提升，东部园区成果辐射作用领先中部、西部和东北园区。④园区在发明专利方面呈现"马太效应"现象，需要加强对创新能力的监测和评价，并利用"倒逼"机制让园区从依靠"传统产业发展"向"创新引领发展"方式过渡。同时，需要通过探索新的推广模式和途径，加大园区的辐射影响，从而不断提升园区对区域农业发展和农户增收致富的促进带动作用。

分项评价三——创新绩效方面。创新绩效反映的是国家农业科技园区通过创新活动所取得的经济效益与社会效益，体现国家农业科技园区的建设以促进社会经济发展为根本。本报告结合园区企业技术性收入及生产资料类产品销售收入占企业总产值比例、一二三产业融合度、年度孵化毕业新增企业数、品牌建设、土地产出率和劳动生产率等指标对157家园区的创新绩效指数进行了核算，并对部分指标进行了纵向对比分析，从而得到以下研究结论：①多数园区的消费性农产品生产有较大发展，园区带动效果呈现良好态势，园区产业带动能力有待进一步提高。②从产业结构上看，园区总产值发展很快，二三产业的产值总体比重与2014年基本持平。在产业结构方面，还需进一步完善顶层设计规划，加快推进一二三产业联动发展。③作为农业产业孵化器，园区企业培育成果增加，孵化作用有明显加强。④园区拥有的品牌数量继续增加，品牌化运作不断加强，地理标识产品成为新亮点。⑤园区土地产出率、劳动生产率均有所增长，产业化经营不断深化。

从以上评价结果可以看出，尽管国家农业科技园区发展过程中仍然存在园区之间、地域之间创新能力差异较大，创新水平略显不足等问题，但较2014年相比，园区多方发展已经有所改善，整体发展呈现上升态势。展望未来，我们有理由相信，国家农业科技园区将在推动农业科技进步、促进产业经济发展及带动农民增收致富等方面起到更为重要的作用，为加速中国传统农业向现代农业转变开辟一条新的途径。

国家农业科技园区创新能力评价报告2016—2017

第一章 国家农业科技园区创新能力总体评价

2013年，根据中共中央、国务院《关于深化科技体制改革加强国家创新体系建设的意见》（中发〔2012〕6号，以下简称中央6号文件）中关于"建立全国创新调查制度，加强国家创新体系建设监测评估"的要求，科技部下发了《关于做好建立国家创新调查制度相关工作的通知》（国科计〔2013〕64号），强调全面加快推进国家创新调查制度建设，分别从国家、区域、产业和企业等多层面进行创新能力监测和评价。国家农业科技园区作为国家重要的创新密集区，对其创新活动进行评价是国家创新调查制度的重要组成部分。同年，科技部农村技术开发中心研究并制定了国家农业科技园区创新能力评价指标体系，本报告以该指标体系为基础，是国家农业科技园区创新能力评价系列报告的延续性工作。

国家农业科技园区创新能力评价指标体系通过全面研究农业科技园区创新能力的构成要素，综合分析创新能力的支撑、投入和产出指标，构建了创新支撑、创新水平和创新绩效3个一级指标和18个二级指标的创新能力评价指标体系（见附录）。

国家农业科技园区创新能力指数（以下简称"创新能力指数"），以国家农业科技园区创新能力评价指标体系为基础，按照计算模型，对18个二级指标数据标准化后加权计算出3个一级指标分值：创新支撑指数、创新水平指数和创新绩效指数。3项一级指标分值相加得到创新能力指数分值。

需要说明的是，创新能力指数分值只有在园区之间或者时间序列比较时具有序数意义，不代表绝对意义上的创新能力，或者说单看一个分值没有任何意义。

本章是对2015年157家国家农业科技园区总体情况的评价，具体分析主要集中在创新能力指数和一级指标体系上，二级指标并不作为分析重点。同时，根据创新能力指数体现出来的数据类别特征和区域差异进行了相应的定量分析和定性评价。

一、国家农业科技园区创新能力总体发展情况

从157家国家农业科技园区的创新能力指数来看，2015年国家农业科技园区创新能力指数差异仍然较大，变异系数[①]为29.56%，并且相对于2014年的园区创新能力变异系数26.49%有所上升。这说明园区之间创新能力指数的差异有所增加，主要是由于2015年参与创新能力评价的园区增长到了157家，其中新增园区由于建设时间短、建设成效不够显著使得园区之间创新能力的差距加大。同时，武汉、淮安、新乡、济宁、公主岭、西宁等园区在创新能力水平方面优势明显，成为国家农业科技园区创新发展的领跑者。

1.园区之间创新能力差异主要来源于区域内差异，武汉园区依然表现强势

2015年157家国家农业科技园区的创新能力指数的标准差为22.82，相对2014年略有下降，变异系数为29.56%，相对有所上升，说明园区之间创新能力的差异仍然较大。此外，参与创新能力评价的园区数量大幅增加（由106家增加到157家，增幅约50%）及部分园区建设时间较短导致的成效差异也是造成变异系数变大的原因。同时，在剔除各园区自身规模差异对园区创新能力影响的基础上，利用修正的泰尔系数[②]对157家园区创新能力的差异进行分析。修正的泰尔系数能够反映园区单位面积上创新能力的差异，并表明是区域间还是区域内的园区创新能力差异更大，具体数值如表1-1所示。

---

① 变异系数又称为离散系数，是用来衡量各观测值变异程度的一个指标。计算公式为：$CV=S/EI$，其中S为标准差，EI为均值。
② 泰尔系数，又称为泰尔熵标准，是作为衡量个人（体）之间或者地区间收入差距（或者称不平等度）的常用指标，具体计算公式见附录。

表1-1 创新能力指数的变异系数和泰尔系数

	均值	标准差	变异系数	泰尔系数	组间差异	组内差异
创新能力	77.21	22.82	29.56%	0.5151	0.1410	0.3741

表1-1中的泰尔系数由组间差异和组内差异组成（两者加总得到泰尔系数），其中组内差异的数值为0.3741，远远大于组间差异0.1410。说明在考虑园区规模差异的情况下，东部、中部、西部和东北园区在创新能力方面的区域内部的差异远远大于区域之间的差异，即157家园区在创新能力上的差异主要来源于4个区域内园区间的差异，这也表明区域环境因素并不是造成园区创新能力差异的关键因素，而各园区的主导产业定位、内部管控和资源配置等自身因素是造成园区创新能力差异的主要因素。

在157家国家农业科技园区中，武汉、淮安、新乡、济宁、公主岭、西宁、泰安、郑州、泉州和南阳的创新能力指数居前10位，代表了中国国家农业科技园区较强的创新能力水平。其中，武汉的创新能力排名居首位，武汉在加大创新投入和保证创新支撑的基础上，创新产出成果突出，自主创新能力和辐射带动能力不断提升，创新绩效持续改善。此外，武汉、淮安、济宁、公主岭、西宁、泰安和泉州在2015年创新能力排名中仍居前10位，继续保持了较高水平的创新能力。

2.园区创新支撑表现最佳，创新水平仍然是制约园区创新能力提升的瓶颈，创新绩效的导向地位保持不变

从分项指标指数来看，大多数园区创新能力指数得分主要来自于创新支撑和创新绩效，不同园区的同一分项指数比较均存在明显的差异，如表1-2所示。

表1-2 创新能力分项指标的差异性分析

	创新支撑指数	创新水平指数	创新绩效指数
均值	38.31	13.86	25.04
变异系数	26.72%	74.53%	27.50%
泰尔系数	0.5463	0.5441	0.5028
组间差异	0.1472	0.1463	0.1359
组内差异	0.3991	0.3978	0.3669

（1）2015年各园区继续注重创新条件的改善，不断加强创新投入，为创新能力的形成和提升奠定了较为坚实的资源基础。2015年的国家农业科技园区创新能力评价结果显示，2014年相比，创新支撑指数依旧是3项指数中最高的，已经成为园区创新能力最重要的组成要素，从而为园区创新能力的持续提升提供新的动力。在创新支撑指数方面，安阳、武汉、新乡、济宁、辉山、和林格尔、公主岭、泰安、南阳、许昌排名前10位。其中，济宁、辉山、和林格尔、公主岭、泰安和许昌连续2年在创新支撑方面居前10位，主要是因为这些园区在创新要素投入、创新条件建设及创新环境改善方面具有较高的水平。

（2）2015年各园区创新水平指数最低，依旧是园区整体创新能力提升的重要瓶颈，如何快速高效地尽快形成创新成果是园区创新能力建设的关键。2015年的国家农业科技园区创新能力评价结果显示，创新水平指数是3个分项指标中最低的一项，虽然创新水平指数相对2014年略有增长，但增长缓慢，相对其他分项指数仍然明显偏低。而创新水平的表现不佳，势必影响园区未来的创新绩效，成为制约园区创新能力持续提升的重要瓶颈。园区排名方面，武汉、淮安、西宁、济宁、新乡、公主岭、咸阳、泰州、郑州和即墨排名居前10位。综合2014年和2015年的创新评价结果，同时考虑到创新过程自身的特征，认为2015年园区创新水平不高的主要原因为：首先，2015年的创新能力评价中增加了50多家园区，这50多家园区大多数是刚刚批准成立，其创新成果还相对较少。其次，创新过程周期较长，创新产出具有一定的滞后性，从创新投入到创新产出通常需要较长的时间周期。因此，2014年较高的创新投入水平在短时间内无法转化为创新成果。再次，部分园区对于创新投入资源的配置方式和管理水平欠佳，创新资源的利用效率不高。最后，部分园区缺乏自主创新和创新转化的动力，依旧依靠传统产业和方式进行园区的运营。因此，各园区应该通过产学研结合加快创新投入的成果转化过程，通过完善内部管控机制提高创新投入资源的利用效率。

（3）2015年各园区创新绩效低于创新支撑，但是仍然是园区创新能力提升的主要导向。2015年的国家农业科技园区创新能力评价结果显示，创新绩效指数低于创新支撑指数，并且相对于2014年有所下降。这主要是因为新批准建设的园区仍然处于创新资源的投入和积累阶段，创新资源和创新成果转化为创新绩效需要一定的时间。园区排名方面，雅安、武汉、新乡、泉州、济宁、忠县、淮北、蚌埠、淮安和徐州居前10位。其中，武汉、泉州和济宁园区的创新绩效依旧保持在前10位，这说明其在改善创新支撑和创新条件的同时，在产业结构调整、产业培育、产出水平等方面具有较高水平，实现了较高的投入产出绩效，呈现创新过程不断优化的特征。此外，创新绩效排名前10位的园区中，武汉、泉州和济宁的创新能力排名也居前10位，这表明园区创新能力的提高仍然以创新绩效作为重要导向。

3.各园区创新能力指数在结构上差异明显，创新支撑对创新能力提升贡献较大

以国家农业科技园区创新能力指数最高的3个园区（武汉、淮安和新乡）为例，虽然创新能力指数都很高，但是发展的均衡程度却各不相同。对武汉、淮安、新乡和全国园区平均创新能力指数结构差异进行比较可以发现，淮安园区的创新能力主要来自其极高的创新水平，新乡园区的创新能力主要来自其极高的创新支撑，而武汉园区则是3项指标比较平均，都处于较高的水平。此外，相对于2014年，2015年大部分园区的创新支撑条件在园区创新能力中的贡献有所提升，成为重要的组成部分。

二、国家农业科技园区创新能力指数总体分析

根据2015年国家农业科技园区创新能力指数测算结果，将全国157家国家农业科技园区创新能力划分为创新引领、创新示范、创新稳健和创新起步四类，各类国家农业科技园区创新能力指数和分项指标如表1-3所示。

表1-3　2015年国家农业科技园区创新能力分类

分类	园区名称	创新能力	创新支撑	创新水平	创新绩效
创新引领区（20）	武汉、淮安、新乡、济宁、公主岭、泰安、郑州、徐州、南通、白马、萧山、许昌、泰州、邯郸、浦东、南昌、望城、盐城、芜湖、常熟	110.8	49.1	30.0	31.7
创新示范区（30）	武威、寿光、鹤壁、湖州、西宁、泉州、南阳、德州、焦作、即墨、驻马店、石家庄、咸阳、萍乡、永州、吴忠、仙桃、建三江、湄潭、玉溪、井冈山、红河、定西、连云港、儋州、辉山、和林格尔、忠县、淮北、雅安	93.9	44.9	19.6	29.4

续表

分类	园区名称	创新能力	创新支撑	创新水平	创新绩效
创新稳健区（67）	安阳、漯河、丰都、五一农场、铁岭、商丘、潜江、嘉兴、宿州、岳阳、定州、烟台、东营、蚌埠、滨海、濮阳、海城、象山、乌鲁木齐、周口、内江、唐山、衡阳、塔城、北海、乐山、阜阳、铜陵、大庆、河源、通化、上饶、金华、璧山、漳州、潼南、怀化、黔东南、马鞍山、广州、哈尔滨、阿拉尔、海东、赣州、运城、汉中、石河子、丰城、安顺、兰考、临沂、固原、天水、旅顺、百色、宁德、湛江、三亚、合肥、松原、通州、昌平、湘西、荆州、贵阳、黔南、顺义	75.1	39.9	11.0	24.2
创新起步区（40）	楚雄、延庆、津南、三河、沧州、晋中、吕梁、赤峰、乌兰察布、锡林郭勒、阜新、延边、黑河、崇明、无锡、安庆、滁州、池州、新余、湘潭、常德、桂林、广安、南充、毕节、黔西南、赤水、昆明、拉萨、日喀则、榆林、宝鸡、银川、石嘴山、伊犁、和田、克拉玛依、五家渠、金州、慈溪	51.6	25.3	6.4	19.9

1.第一类园区（创新引领区20家）

该类园区包括武汉、淮安、新乡、济宁等20家园区，代表了157家国家农业科技园区创新能力的最高水平。2015年创新引领区的创新能力指数平均得分为110.8分，其中创新支撑最高，为49.1分。该类园区的总体创新能力指数明显高于其他园区，创新水平指数均位居前列。与2014年相比，创新引领区园区数量显著增长，从2014年的13家增加到20家，综合来看主要原因是园区经过了几年的长期积累和发展，已经逐步形成了创新的原动力。这些园区的特点是：科技成果转化率较高，新品种、新产品、新技术、新设施等集成示范力度较大，科技成果转化和企业孵化能力强。其中，武汉园区最具典型，其技术引进、推广及自主创新方面均处于全国的前列，成为全国农业科技园区创新发展的样板。同时，淮安园区、新乡园区异军突起，领先于其他园区。从总体创新能力指数的结构来看，12家创新引领园区的创新能力偏向于创新支撑指数，创新水平差异较大，而创新绩效仍有提升空间。

2.第二类园区（创新示范区30家）

该类园区包括武威、寿光、鹤壁、湖州等30家园区，代表了国家农业科技园区的较高水平，属于国家农业科技园区创新能力重点推进示范园区。其创新能力指数平均得分为93.9分，其中创新支撑最高，为44.9分，园区之间发展水平差别不大。该类园区创新水平略低，差距相对较大，科技成果应用转化及自主创新水平仍处于中低水平。从创新能力指数结构看，主要依赖创新支撑和创新绩效，但其中创新支撑与创新绩效相比创新引领区差距较小，特别是创新支撑与创新引领区基本持平，但创新水平较创新引领区差距较大，说明示范区内的各园区均加大了创新要素的聚集，同时正在逐步缩小与创新引领区在要素和人才等方面的差距。其中，安阳、辉山、和林格尔、德州、漯河、丰都、嘉兴、周口、滨海等园区的创新支撑和创新绩效还略高于创新引领区的平均值，具有很强的发展潜力。

3.第三类园区（创新稳健区67家）

该类园区包括滨海、濮阳、海城、象山等67家园区，占42.67%。该类园区的创新绩效、创新支撑是影响创新能力指数的主要因素，创新支撑条件有一定基础，与创新示范区基本相当，主要原因是新增园区建设时间较短，要素积累特别是人才方面的积累还没有完全展开，属于稳步推进阶段，因此创新水平仍处于发展阶段，同时创新绩效较创新示范区也有一定差距。该类园区成果转化与集成示范能力相对较低，农业科技企业的孵化、新业态的培育等是当前创新工作推进的重点。与第一类、第二类园区相比，创新水平不高，创新绩效对于创新能力影响相对较大。

4.第四类园区（创新起步区40家）

该类园区包括楚雄、延庆、津南等40家园区，平均得分为51.6分。该类园区创新能力一般，创新绩效、创新支撑方面无太多建设亮点。该类园区除了创新水平平均值外，大部分园区3个分类指标均低于前三类园区。2015年创新起步区创新绩效平均得分为19.9分，创新支撑平均得分为25.3分，低于园区平均水平。在创新水平上各园区之间差别较大，在40家园区中，楚雄、石嘴山、南充、晋中、安庆、新余、五家渠、榆林等23家园区的创新水平较高，均高于前平均值，说明这些园区在创新水平上有一定的基础，但相对于前三类园区创新支撑不足，因此应该加强园区的硬件建设及对于科研的投入。此外，南充、楚雄、昆明、石嘴山、黑河、吕梁、和田、晋中、赤水、日喀则园区的创新绩效排名较高，但大多创新水平较低。

5.四类园区的创新能力指数结构差异较大，创新引领区的创新水平明显领先其他园区

从创新能力指数结构来看，四类园区创新能力建设均主要依靠创新绩效和创新支撑带动。其中第一类园区创新支撑最高，其他三类园区创新支撑次之。从差异来看，园区间创新水平差别最大，其中创新引领区的创新水平明显领先。四类园区间的创新绩效差别较小（图1-1）。

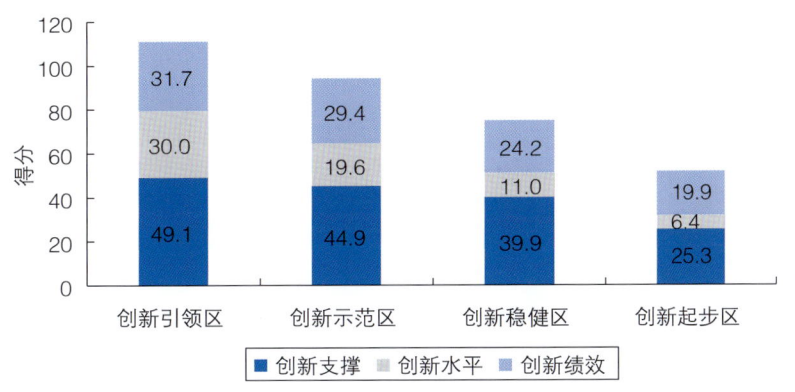

图1-1 2015年四类园区的创新能力指数结构

从指数总体分析可以看出，处于创新引领区的武汉、淮安、新乡、济宁、公主岭、泰安、郑州、徐州、南通、白马、萧山、许昌、泰州、邯郸、浦东、南昌、望城、盐城、芜湖、常熟这20家园区的创新支撑、创新水平与创新绩效代表了国家农业科技园区创新发展一流水平，是园区后续科学发展、可持续发展的标杆与排头兵。结合处于创新示范区的武威、寿光、鹤壁、湖州等园区，形成50家园区的上游发展群体，占到整个园区数量的接近1/3，是园区推动区域农业结构调整和产业升级的中流砥柱与中坚力量。

6.创新引领区和创新示范区的数量明显增加，园区的创新能力已经初步显现，后续园区的发展和建设将趋于平衡

从分类结果上看，创新引领区由2014年的13家增加到20家，增幅明显，且各园区间的差异不大。其中，创新支撑和创新绩效更加均衡，创新水平的均值达到30分，说明各园区的创新能力得到了提升。同时可以看出，各园区在近几年的累积上呈现集体爆发的态势，整体的创新能力有明显的提升。各园区在创新建设上也更加注重整体的平衡性，创新示范区的个数较2014年变化不大，且除了创新水平方面相对创新引领区较低外，创新支撑和创新绩效均与创新引领区相差不大，说明园区在积极地寻找不足提升自身的创新能力，从而努力追赶创新引领区，同时也可以看出园区在创新能力方面的提升。四类国家农业科技园区的区域分布状况如图1-2所示。

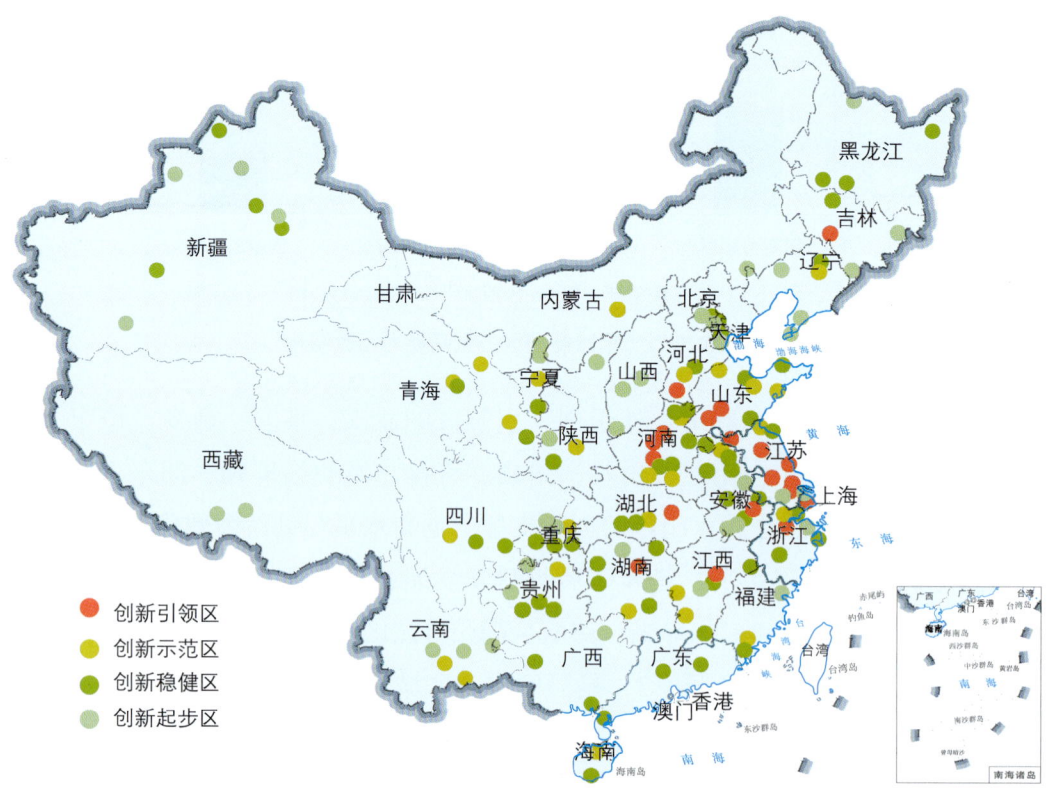

图1-2 四类国家农业科技园区的区域分布

三、国家农业科技园区创新能力区域差异分析

1.东部和中部园区的创新能力指数显著高于其他园区，各地区创新支撑和创新绩效无显著差异，但创新水平差异较大，已初步形成创新支撑和创新绩效双轮驱动模式

按地域划分，157家园区中，东部园区45家，中部园区46家，西部园区52家，东北地区14家，园区布局相对差异较大。但仅就创新支撑来看，各地区间的差异相对较小，最大值只有6.26；从创新绩效看，各地区间仅有微小差距。根据评价结果，各地区的园区创新能力指数及3个分项指标的平均得分如表1-4所示。

表1-4 2015年各地区的园区创新能力指数和分项指标得分

地区	总指数	创新支撑	创新水平	创新绩效
东部	82.61	40.73	16.52	25.36
中部	82.37	40.94	14.56	26.87
西部	69.05	34.68	11.25	23.12
东北	73.21	35.32	12.56	25.33

由表1-4可知，2015年157家园区中，东部园区创新能力指数最高，为82.61，略高于中部园区，同时东北、西部园区也有所提高。在结构上，东部和中部园区的创新支撑指数与创新水平指数显著高于其他园区；虽然中部园区创新绩效指数高于其他园区，但差异较小。

从结构上看，相对于2014年各地区的创新能力指数主要由创新绩效带动、创新支撑略显不足、创新水平明显滞后的结构特征，2015年的创新能力指数演变为由创新支撑和创新绩效共同带动，即发展成为双轮驱动模式，但是创新水平指数仍然明显不足。

2.一类园区的区域分布差异明显，东部和中部园区在一类和二类园区的数量上优势明显

从一类和二类园区在各区域的分布状况来看，20家一类园区（创新引领区）有

12家在东部地区，7家在中部地区，1家在东北地区。同时，30家二类园区（创新示范区）中东部和中部地区占17家。由此可知，东部地区拥有一类（创新引领区）和二类（创新示范区）园区共计20家，中部地区拥有一类（创新引领区）和二类（创新示范区）园区共计16家，西部地区共拥有11家，东北地区仅拥有3家，排名最末。具体如表1-5所示。

表1-5 2015年一类和二类园区的区域分布对比

地区	创新引领区	创新示范区	合计	比例
东部	12	8	20	44.44%
中部	7	9	16	34.78%
西部	0	11	11	21.15%
东北	1	2	3	21.43%

由表1-5可知，东部与中部地区拥有的一类（创新引领区）和二类（创新示范区）园区最多，并且其数量明显高于其余地区，这说明创新能力最强的国家农业科技园区主要分布在东部和中部地区。同时也说明两个地区在园区创新建设方面整体表现较好。

四、国家农业科技园区总体创新效率分析

通过对园区的创新技术效率分析，能够了解国家农业科技园区对创新投入资源的使用、配置和管理情况。利用数据包络分析（DEA）中的BCC模型，以投入为导向，选择年度R&D投入总额、园区研发人员数、园区大型仪器设备原值总额和园区拥有研发中心数作为创新投入指标，选择园区授权发明专利数，引进的植物和禽畜水产新品种数，引进的新技术、新产品和新设施数，推广的植物和禽畜水产新品种数，以及推广的新技术、新产品和新设施数作为创新产出指标，进行园区的创新技术效率分析（阜新、锡林郭勒、池州、湄潭、通化5家园区的创新投入数据存在缺失，故进行效率测算的园区为152家）。效率测算结果表明，全国共有31家园区具有创新技术效率，即技术效率值为1（100%），其他园区的技术效率值均小于1，具体如表1-6所示。

表1-6　2015年具有创新技术效率的园区分布

地区	园区名称	比例
东部园区（12家）	顺义、通州、津南、邯郸、白马、淮安、南通、无锡、连云港、嘉兴、泰安、儋州	26.09%
中部园区（3家）	武汉、上饶、萍乡	6.52%
西部园区（16家）	乌兰察布、内江、南充、贵阳、黔西南、黔南、石林、拉萨、日喀则、咸阳、吴忠、银川、和田、塔城、五家渠、北海	32.00%
东北园区（0家）	无（黑河最高）	0

从表1-6可以看出，2015年具有创新技术效率的园区达到31家，占到全体园区比例的20.39%，相对于2014年的18.87%（106家园区参与创新评价，20家园区具有创新技术效率）有所上升。具有创新技术效率的园区分布方面，除了东北地区，其他3个区域均有具有创新技术效率的园区，其中西部拥有的具有创新技术效率的园区数量较多，为16家。考虑到不同区域的园区数量差异，从拥有具有创新技术效率的园区比例来看，西部地区的数值最高为32.00%。这些具有创新技术效率的园区在创新投入资源的配置和管理上是较为有效的，充分利用其投入资源实现了创新产出的最大化。而对于创新技术效率不足的园区，需要完善园区的法人治理机构，减少创新的冗余投入，优化创新资源的配置，依托农业院校和科研机构积极搭建农业关键技术的研发合作平台和集成创新平台，加快农业科技成果的扩散。根据测算的园区创新技术效率值，全国152家（5家园区因数据缺失没有进行测算）农业科技园区的创新技术效率均值为0.4328，相对于2014年的效率均值0.3784提升约14.3%。东部、中部、西部、东北园区的创新技术效率均值如图1-3所示。

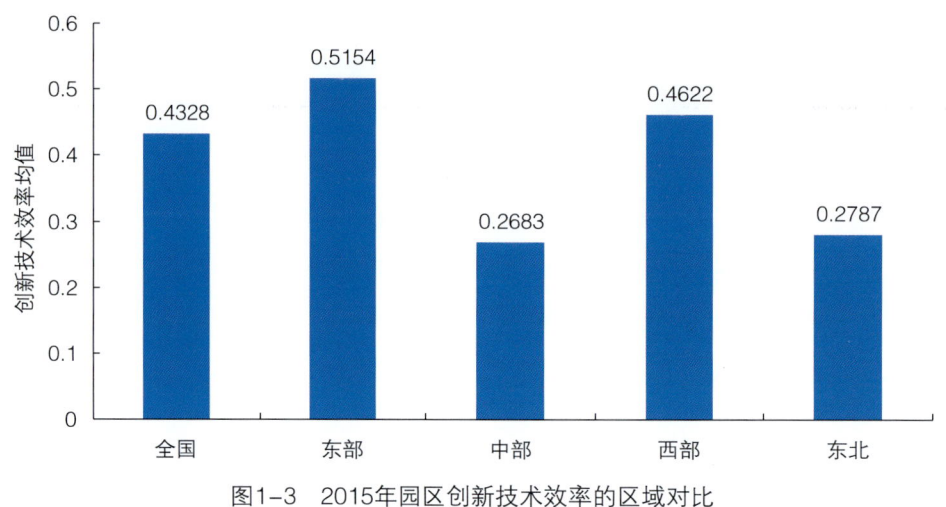

图1-3　2015年园区创新技术效率的区域对比

五、小结

本章采用国家农业科技园区创新能力指数对园区创新能力进行总体评价，得到以下结论：

（1）园区之间创新能力差异主要来源于区域内差异，武汉园区依然表现强势。

（2）园区创新支撑表现最佳，创新水平仍然是制约园区创新能力提升的瓶颈，创新绩效的导向地位保持不变。

（3）各园区创新能力指数在结构上差异明显，创新支撑对创新能力提升贡献较大。

（4）园区指数总体分析方面，四类园区的创新能力指数结构差异较大，创新引领区的创新水平明显领先其他园区。创新引领区和创新示范区的数量明显增加，园区的创新能力已经初步显现，后续园区的发展和建设将趋于平衡。

（5）创新能力指数的区域差异方面，东部和中部园区的创新能力指数显著高于其他园区，各地区创新支撑和创新绩效无显著差异，但创新水平差异较大，已初步形成创新支撑和创新绩效双轮驱动模式。一类园区的区域分布差异明显，东部和中部园区在一类和二类园区的数量上优势明显。

（6）园区的创新技术效率方面，除了东北地区，其他3个地区均有具有创新技术效率的园区，其中西部地区拥有的具有创新技术效率的园区数量较多。

国家农业科技园区创新能力评价报告2016—2017

第二章

国家农业科技园区创新能力分项评价

——创新支撑评价

创新支撑是反映各园区在开展创新活动中各影响因素的融合，其指数的高低显示出国家农业科技园区在集聚农业科技创新资源方面的能力，是加强农业科技创新工作的必要基础和关键举措，对各园区的创新能力评价有着重要意义。在指标设计上，分别从科技人员、研发经费、投融资强度、仪器设备、研发中心、信息化和扶持政策7个方面进行衡量。

一、园区人才队伍建设稳步提升

创新的核心是人才，因此，人才是创新的关键支撑和重要动力。近年来，园区通过实施人才战略，引进了一批研发队伍，聚集了一批科技特派员，吸引了一批优秀复合型人才，逐渐形成了产学研协同创新、科技特派员创业、研发人员汇聚的人才队伍。

1.园区引进各类科技特派员情况整体保持稳定，东部园区注重个人科技特派员引入，西部园区则更注重法人科技特派员和科技特派团引入

近年来，各地大力推进科技特派员科技创业行动，大批科技特派员（团）到园区领办、创办各类科技型产业或者科技服务组织，并组织开展了各类科技创业项目，园区成为科技特派员科技创业和服务的基地。科技特派员已逐渐成为国家农业科技园区的主力军和生力军，在科技成果转化中发挥重要作用，显著提升了园区农业科技创业能力和水平。科技特派员建设方面，东部园区注重个人科技特派员引入，西部园区则更注重法人科技特派员和科技特派团引入，说明东部地区依靠较为成熟和完善的工业

体系和配套服务推动以个人为主导的创新,从而带动创新发展,而西部园区的科技创新主要依托项目带动和团队带动,主要原因是西部的基础设施较为薄弱,主要依靠精准的项目支撑。

(1)个人科技特派员。目前近92%的园区已开展了科技特派员创新创业行动,覆盖园区144家。截至2015年年底,157家园区引进个人科技特派员总数达11 220人,平均每家园区引进71人。泰州、铁岭、广州、连云港、德州园区引进个人科技特派员人数位于全国前五。从排名来看,东部园区个人科技特派员占据较大比例,说明江苏省在个人科技特派员的引入工作上力度较大,个人科技特派员仍然是创新的主要力量之一。2015年引进个人科技特派员前20位的园区如图2-1所示。

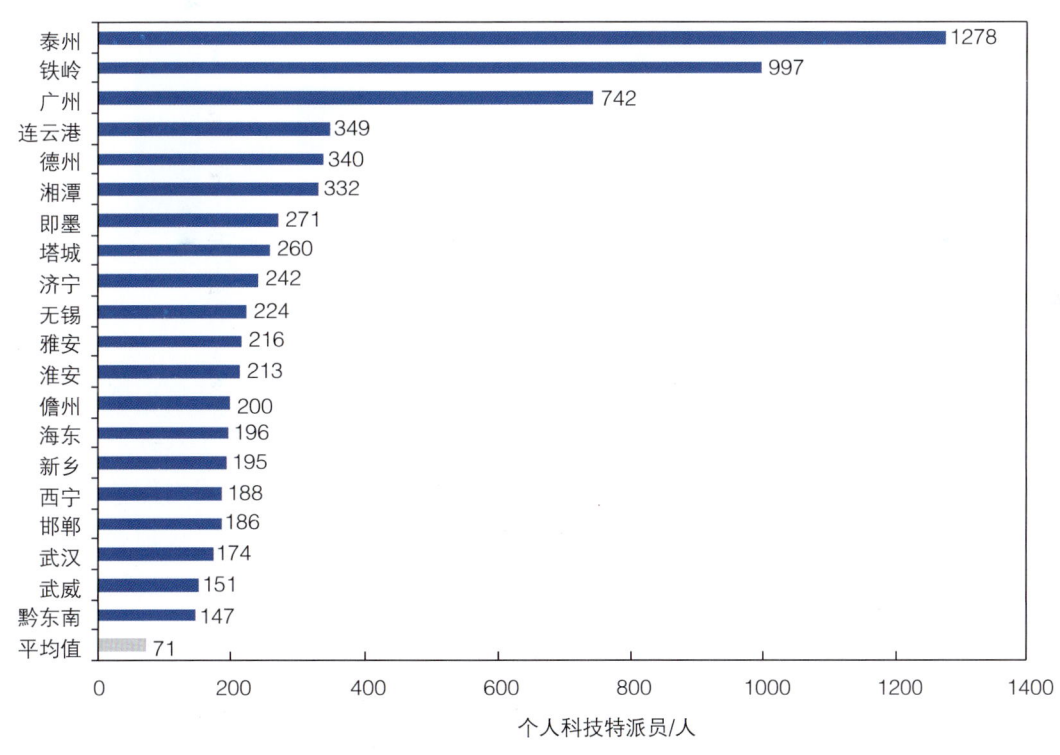

图2-1 2015年园区引进个人科技特派员前20位

如图2-2所示,东部和东北园区在个人科技特派员方面的表现优于中、西部园区,可以看出在人才引进方面东部园区具有明显的区位优势。同时,国家大力发展东北经济，吸引了一大批的科技人才入驻东北园区，对人才的导向流动起到了强大的推动作用，人才的引入会带动一大批创新工作的展开，对经济的提升和复苏起到了基础性作用。

具体来看，2015年参与评价的157家园区中东部与东北地园的个人科技特派员数量明显高于其他地区，分别为113人、109人。中部园区的个人科技特派员数量最少，为36人。4个地区当中，中部园区与西部园区均低于全国平均值，在个人科技特派员引进工作方面需加强。

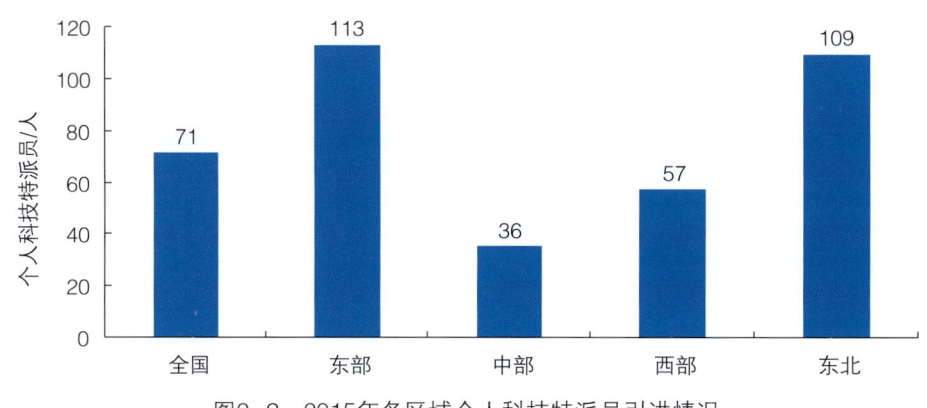

图2-2　2015年各区域个人科技特派员引进情况

2015年个人科技特派员数量与2014年相比整体略有上升（表2-1），说明各园区加大了在人才引进方面的力度，积极创造各种优惠条件吸引各类人才入驻。同时，由于各科研项目的陆续开展，科技特派员的输入有持续性，因此短时间内保持稳定的科研团队是必要的。但是，西部园区的数量略有减少，也说明人才有外流现象，再一次说明区位优势在人才引进方面的作用。

具体来看，2015年园区引进个人科技特派员数量均值为69人，增长幅度较为明显。从区域方面看，东部园区、中部园区、东北园区2015年的均值增长幅度分别为3.5%、7.3%与6.4%，均有所增长。西部园区同2014年相比下降较为明显（图2-3）。

表2-1　2014年和2015年103家园区①个人科技特派员引进情况

单位：人

地区	2014年	2015年
全国	62	69
东部	82	85
中部	35	41
西部	48	29
东北	114	118

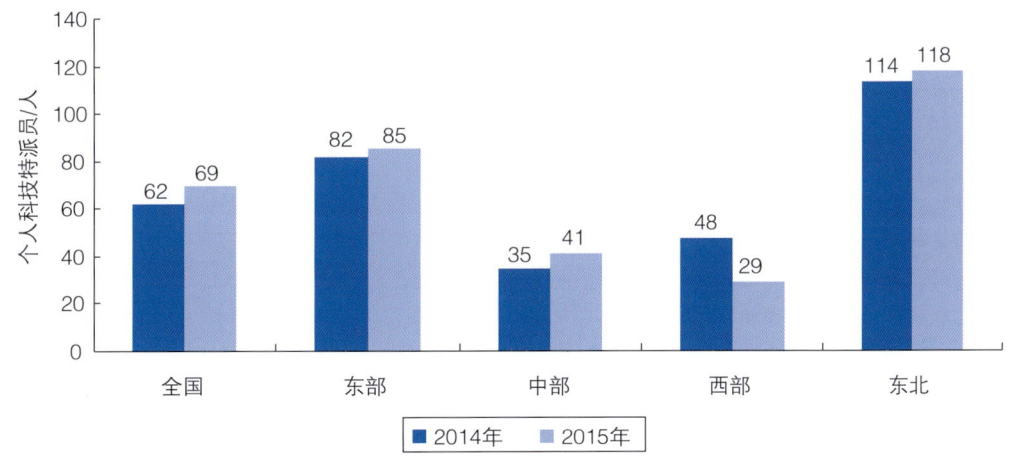

图2-3　2014年和2015年103家园区个人科技特派员引进情况

（2）法人科技特派员。超过2/3的园区已经引进了法人科技特派员。截至2015年年底，157家园区的法人科技特派员达到1311人，平均每家园区8.35人。按照各个园区引进的法人科技特派员数量排名，淮安、临沂、泰州、内江、咸阳园区位于前五。2015年引进法人科技特派员前20位的园区如图2-4所示。

按地域分，不论是总量还是平均值，中部园区都比其他区域要低。具体来看，2015年参与评价的157家园区中，东部园区以15.67人的均值领跑全国，也是唯一一个高于全国平均值的区域。中部园区以4.3人的均值排名最末。东北园区与西部园区表

---

① 2014年和2015年的数据对比方面，两个年度的创新能力调查中共同的园区样本为103家（杨凌、渭南和滨州未参与评价），其中东部29家，中部26家，西部35家，东北13家，余同。

现相当,分别为6.14人与6.19人,但与东部园区还存在很大差距(图2-5)。

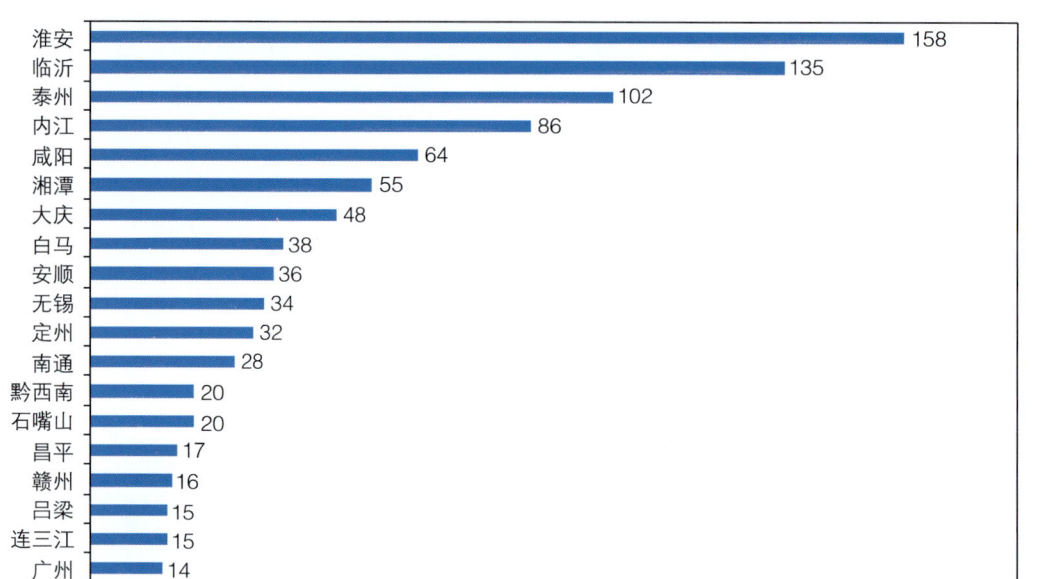

图2-4 2015年园区引进法人科技特派员前20位

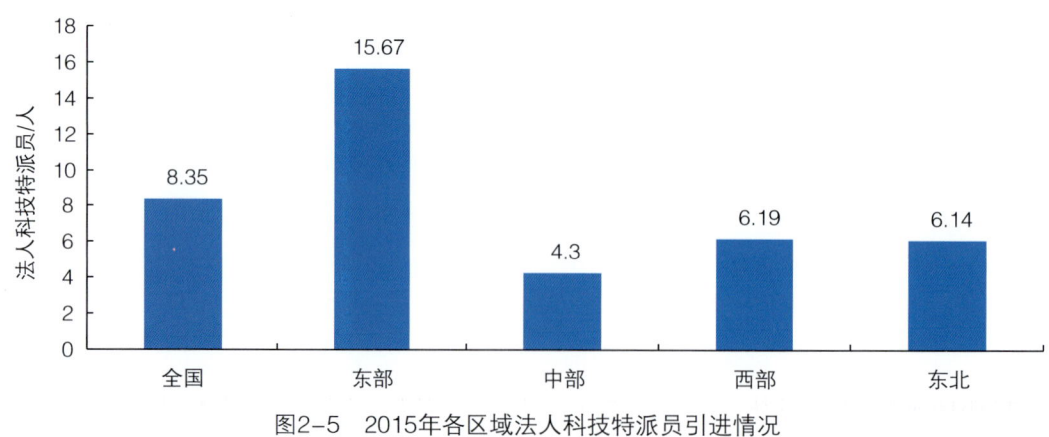

图2-5 2015年各区域法人科技特派员引进情况

由园区引进法人科技特派员的年度对比可以看出(表2-2、图2-6),2015年园区引进法人科技特派员与2014年相比略有下降。东部园区均值为11.14人,增幅明显,增幅达到17%;西部园区较去年相比下降5人,降幅较大;其他区域与去年相当。

东部园区在引进法人科技特派员创新创业方面工作力度较大，一定程度上也说明东部园区的创新创业环境对人才独具吸引力。

表2-2　2014年和2015年103家园区法人科技特派员引进情况

单位：人

地区	2014年	2015年
全国	7.81	6.41
东部	9.52	11.14
中部	6.15	5.35
西部	8.40	3.20
东北	5.69	6.62

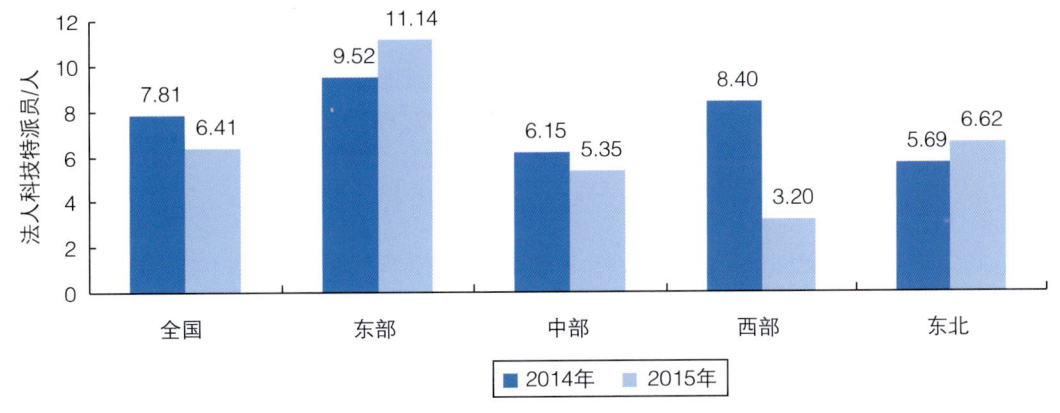

图2-6　2014年和2015年103家园区法人科技特派员引进情况

（3）科技特派团。引进科技特派团的园区相对少，仅50.63%的园区开展了科技特派团工作。科技特派团的引进难度相对较大，对园区整体环境和所要投入的人力、物力也有更高的要求，因此在科技特派团的引进上各园区之间存在较大的差异。截至2015年，157家园区共引进科技特派团365个，武汉、广州、咸阳、海城、内江园区科技特派团数量位于前五，分别为34个、31个、20个、16个、16个，排名第一的武汉园区比排名第五的内江园区多了18个，超出1倍多，科技特派团的引进亦是园区综合科技创新实力的集中体现之一（图2-7）。2015年引进科技特派团前20位的园区如图2-7所示。

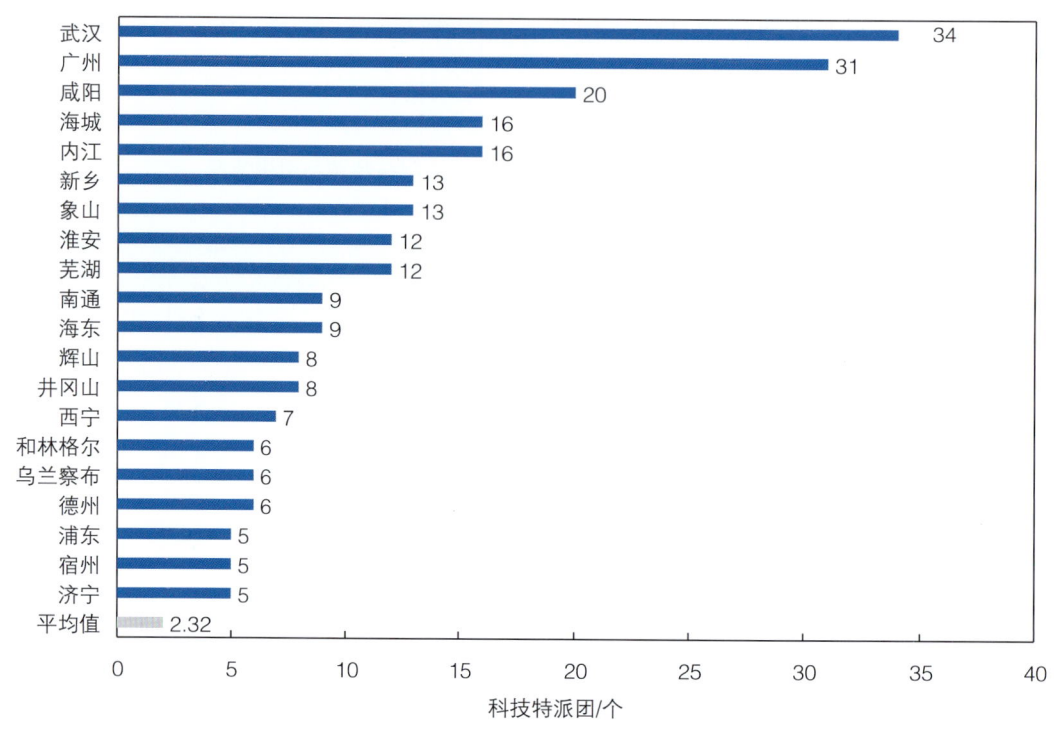

图2-7 2015年园区引进科技特派团前20位

2015年全国157家园区引进科技特派团数量均值为2.32个。其中,东部园区、中部园区、东北园区的均值分别为2.64个、2.35个与2.43个,西部园区的均值为2.00个,各区域之间差异并不显著(图2-8)。

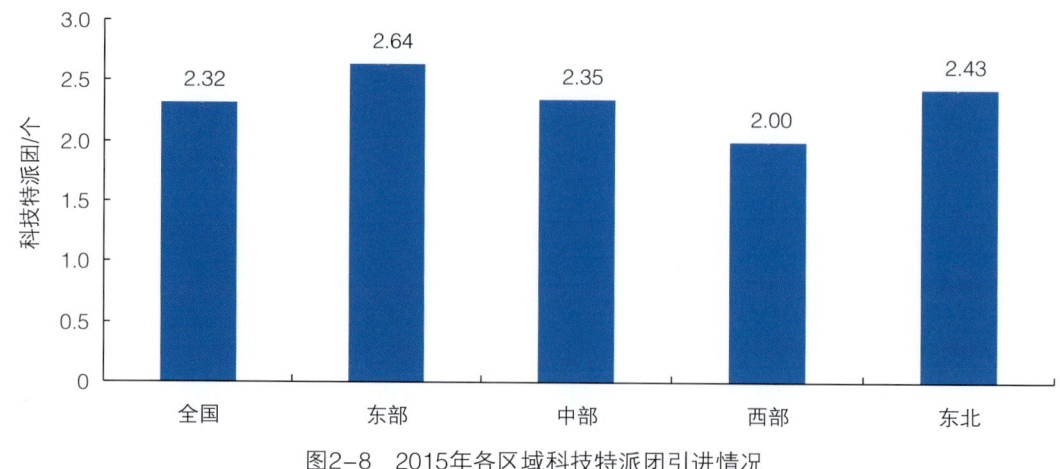

图2-8 2015年各区域科技特派团引进情况

2014年和2015年的数据对比方面，2015年引进法人科技特派团略有增加（表2-3）。其中，东、中、西部园区有微弱增长，东北园区持平。通常来说，科研团队的建设和引进并不会一蹴而就，需要一段时间的积累才会逐渐显出成效。

表2-3 2014年和2015年103家园区科技特派团引进情况

单位：个

地区	2014年	2015年
全国	2.01	2.18
东部	2.79	2.90
中部	2.54	2.96
西部	1.20	1.31
东北	1.38	1.38

具体来说，2015年中部园区均值为2.96个，2014年为2.54个；2015年东部园区均值为2.90个，2014年为2.79个（图2-9）。由此看出，各园区在积极地立足自身发展，积蓄力量增强自身实力，保持团队的健康有序建设。

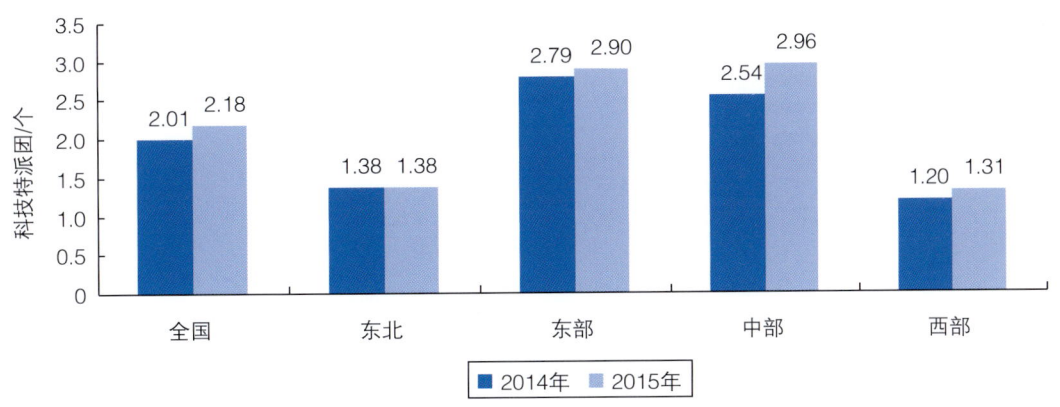

图2-9 2014年和2015年103家园区科技特派团引进情况

2.各园区研发人员数量增长幅度明显，由此带动各区域增长，研发人员质量仍需提高

在园区财政科技项目、人才引进政策（如博士后流动站）、科技人才聘用制度支持下，园区研发队伍不断壮大，在园区新技术、新产品等自主创新活动上发挥了重

要作用。截至2015年,157家园区共有研发人员102 282人,平均每家园区651.48人,园区研发人员占比约为4%。和林格尔、德州、济宁、郑州、武汉园区研发力量居全国前5位。其中,和林格尔园区表现最为突出,德州和济宁园区紧随其后,郑州和武汉园区分别为第4位和第5位。从全国范围看,园区研发人员中硕士以上所占比例仅为13.47%,研发人员结构上仍需加强高学历人才的引进力度。2015年园区研发人员数量前20位的园区如图2-10所示。

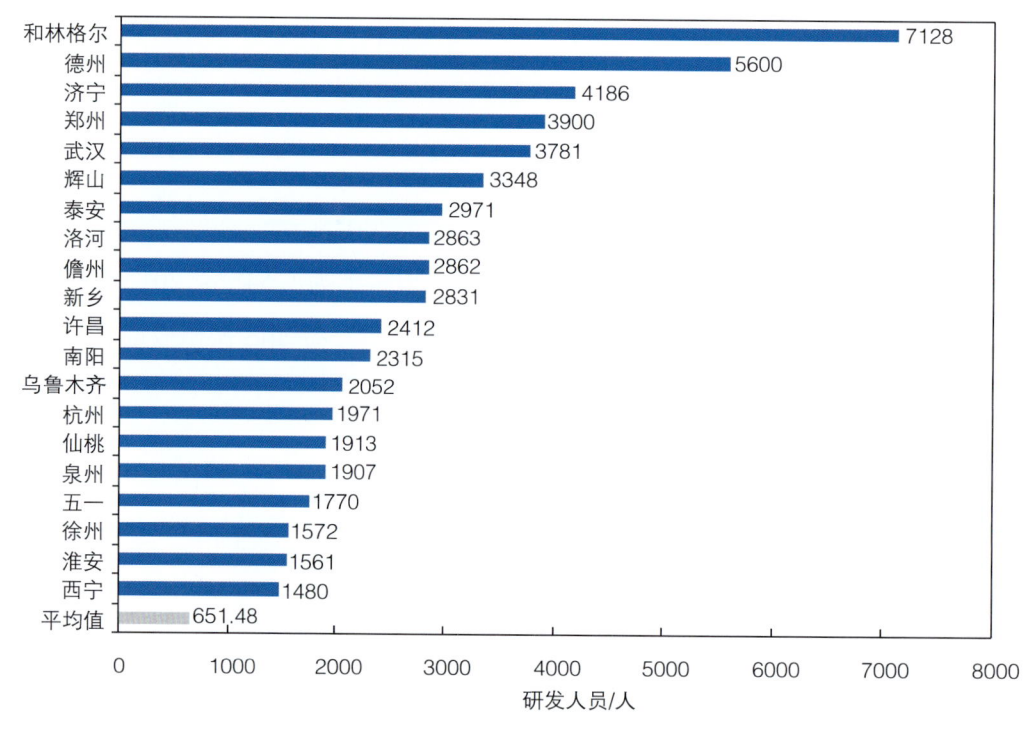

图2-10　2015年园区研发人员数量前20位

如图2-11所示,2015年157家园区中东部园区和中部园区的研发人员数量为855.24人与744.11人,高于全国平均值,而东北园区、西部园区的均值分别为506.36人、432.27人,与东部、中部园区间的差距较大,这说明东部和中部园区企业较为重视研发人员的投入。从实际的创新能力来看,东部和中部园区在创新能力指数方面也领先于西部和东北园区,研发人员的投入和创新能力指数呈现出很强的一致性,从另一个角度反映了研发人员的投入是园区创新能力的重要体现之一。

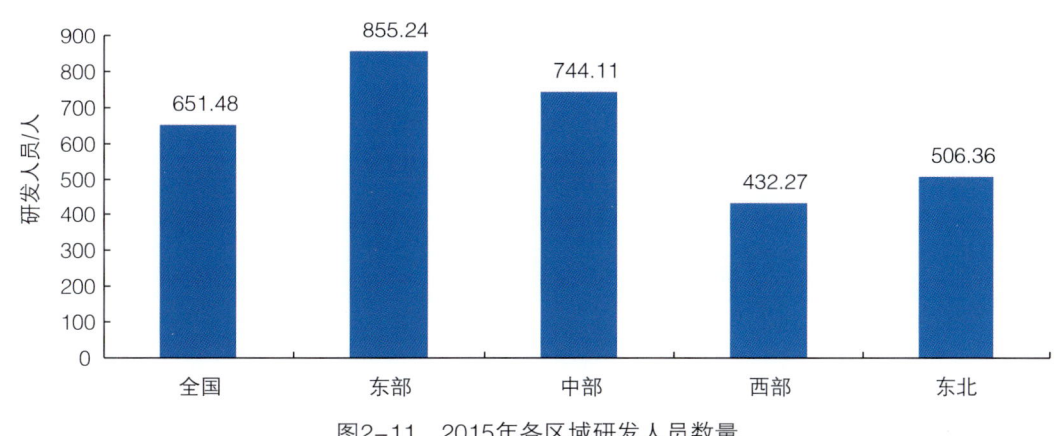

图2-11 2015年各区域研发人员数量

2014年和2015年的数据对比方面，2015年各园区研发人员较2014年有大幅提升，各个地区的表现均好于2014年（表2-4）。

表2-4 2014年和2015年103家园区研发人员数量

单位：人

地区	2014年	2015年
全国	531.90	611.50
东部	583.83	734.28
中部	607.12	687.85
西部	446.31	486.37
东北	496.08	521.77

具体来看，东北园区突破500人大关，较2014年增长25.69人。东部园区增长最为显著，较2014年增长150.45人，增幅达到25.8%。中部园区、西部园区分别增长了80.73人、40.06人。但比较各个地区的均值，可以看出，2015年东部园区比西部园区高247.91人，地区间园区研发人员投入差距已经逐渐拉开，并呈现越拉越大的趋势（图2-12）。

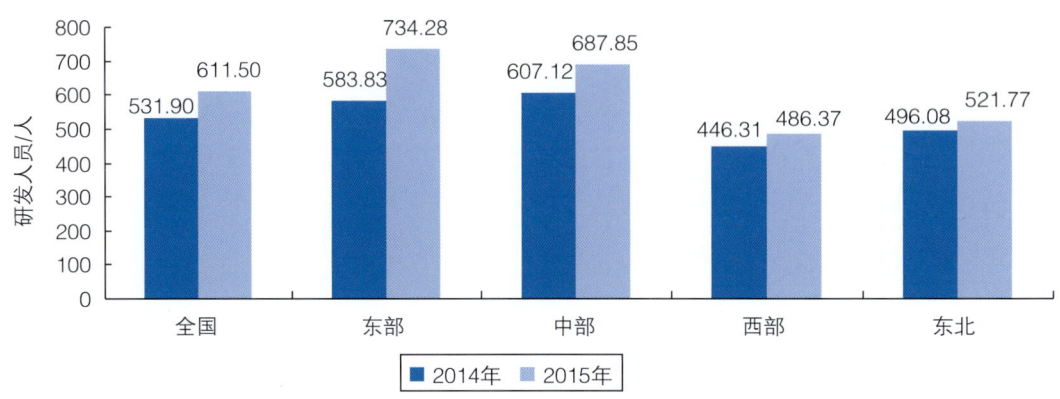

图2-12 2014年与2015年103家园区研发人员数量

通过对比各类型的科研人员可以看出，2015年相比2014年在科研人员方面各园区都加大了投入，总体来讲增长幅度较大。这说明在园区的建设过程中，不管是园区管理者还是企业都已经逐渐意识到科技人才对于园区和企业创新能力提升的重要性。当然，科技人才的投入是一个长期的过程，有理由相信，随着科技人才投入的进一步增强，园区和企业的创新能力一定会得到有效提升（图2-13）。

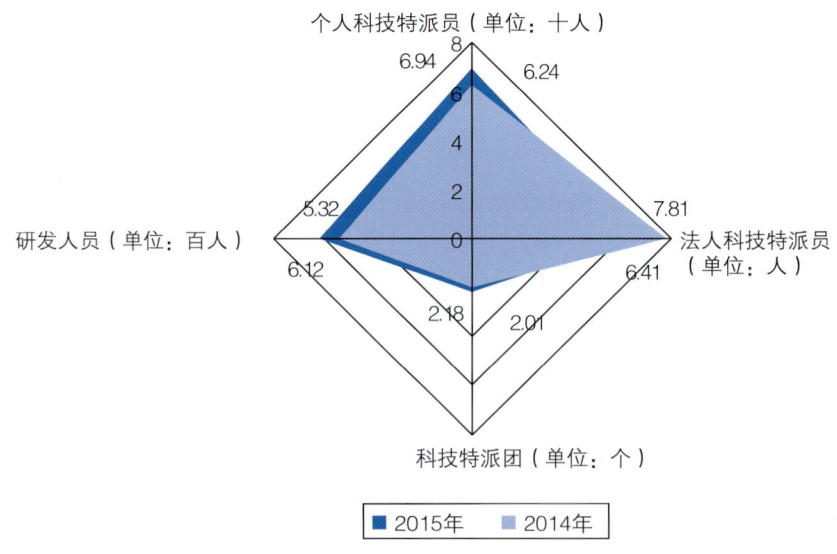

图2-13 2014年与2015年103家园区科技人员投入数据对比

二、园区创新平台建设数量质量提高明显

科研开发平台是科技创新活动的重要载体。近年来，园区注重科技创新与转化能

力建设，已逐渐建成以企业为主体，国家、省、地市共建的研发创新平台体系，科技创新条件和创业服务能力大大提升。

1.园区积极建设各类研发平台，数量增长明显，同时省部级研发平台比例基本保持稳定，东部园区继续领先

各类研发平台是支撑科研创新的重要力量，同时拥有较高质量的科研平台更是评价一个园区科研创新的重要指标，因此在研发平台的评价方面不仅仅是量的多少，更要重视质的高低。从2015年的情况来看，各园区不仅积极培育和开发新的创新平台，在原有平台的基础上还积极拓展和提升平台质量，特别是省部级研发平台。截至2015年年底，157家园区共拥有各类研发中心2558家，其中拥有省部级以上研发中心1067家，省部级以上研发中心占总数的比重为41.71%。92%以上的园区内有企业自己的研发机构，以企业为主体的研发创新体系得到广泛认可。

省部级以上研发中心数量最多的5家园区分别是：济宁、武汉、泰安、新乡、儋州（图2-14）。

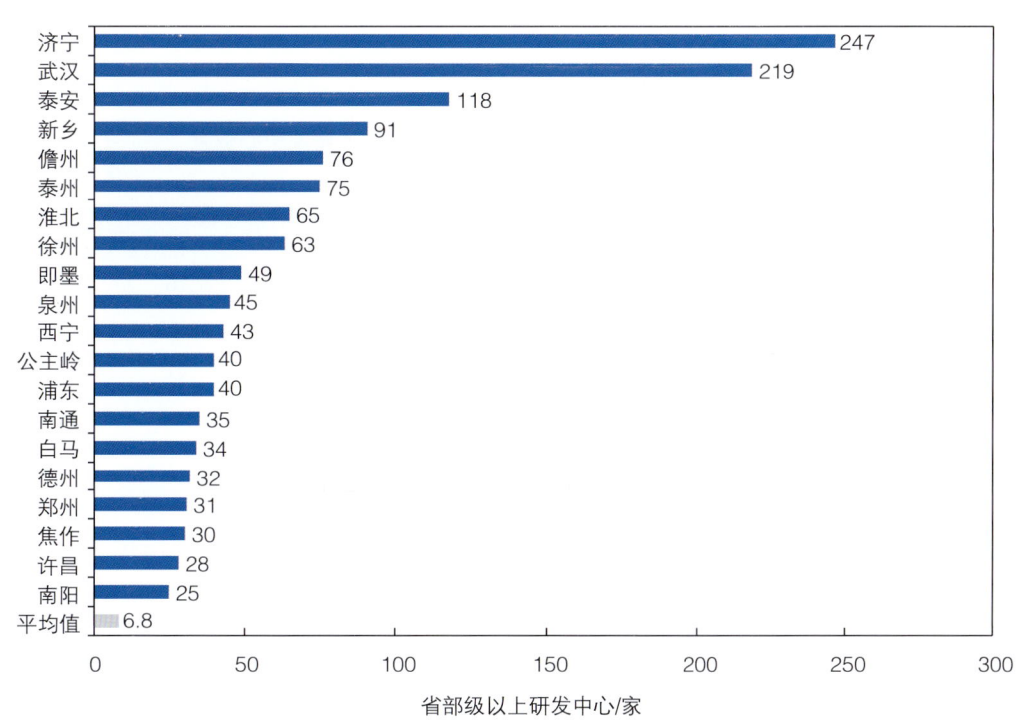

图2-14　2015年园区省部级以上研发中心数量前20位

区域对比方面,2015年东部园区与中部园区省部级以上研发中心数量分别为10.69家与8.09家,相对于东北和西部园区优势明显(图2-15)。说明东部和中部园区对于研发中心的建设更为重视,而且东部和中部园区研发人员投入数量较多,对于建设和引入高质量的研发中心也更具基础和优势。

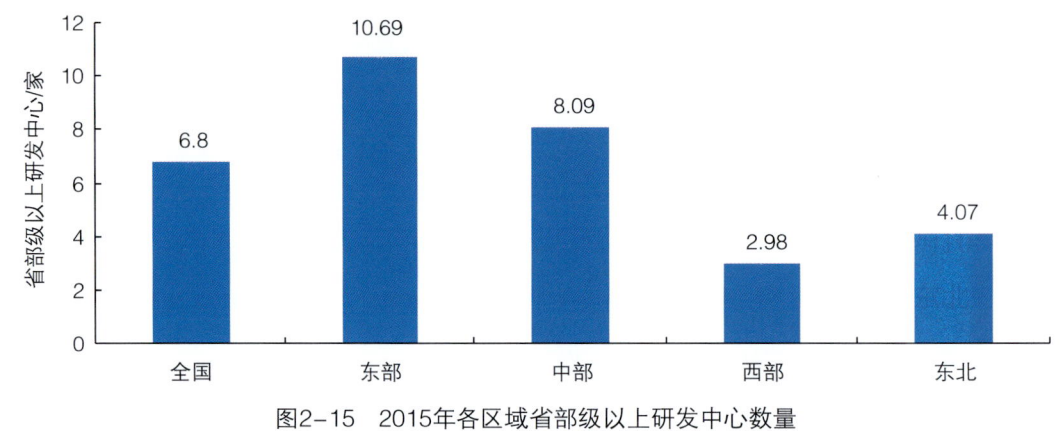

图2-15 2015年各区域省部级以上研发中心数量

2014年和2015年的数据对比方面,2015年园区省部级以上研发中心的数量略有提高,大部分地区较去年均有进步,说明各园区一直在积极引进高质量的研发中心来提升园区创新能力(表2-5)。

表2-5 2014年和2015年103家园区省部级以上研发中心数量

单位:家

地区	2014年	2015年
全国	6.92	7.16
东部	11.45	12.31
中部	7.58	7.81
西部	3.49	3.46
东北	4.78	4.31

具体来看,2015年省部级以上研发中心全国平均值为7.16家,2014年为6.92家,基本持平。东部与中部园区略有上升,西部园区与东北园区略有下降,但幅度不大。研发中心特别是省部级以上研发中心的建立需要长期科研人员和经费投入,并需要成果的积累,因此增长较为缓慢(图2-16)。

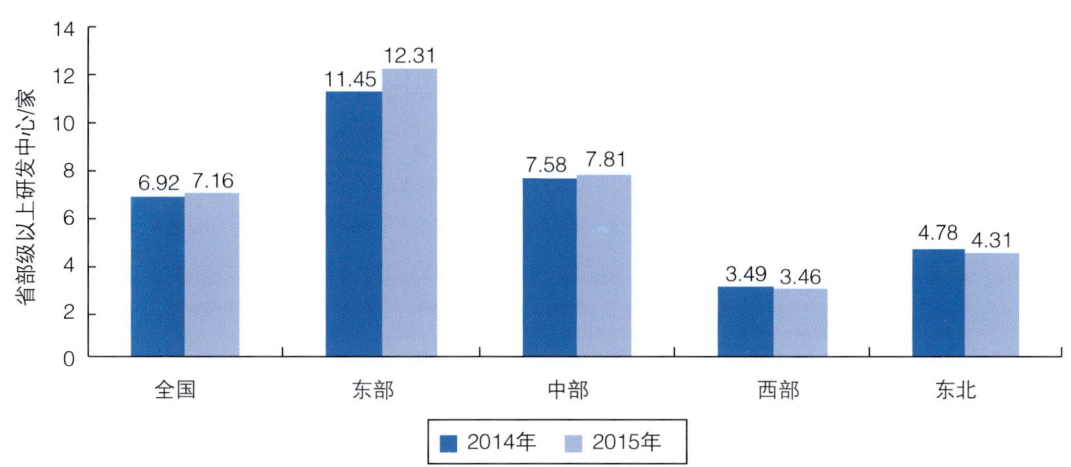

图2-16　2014年与2015年103家园区省部级以上研发中心数量

从园区所拥有研发中心的质量上来看，省部级以上研发中心所占比例比2014年有所上升，说明2015年研发中心的质量较2014年相比略有提高从另一个角度也说明，当前各园区对于高质量研发中心建设的重视程度有所提高（图2-17）。

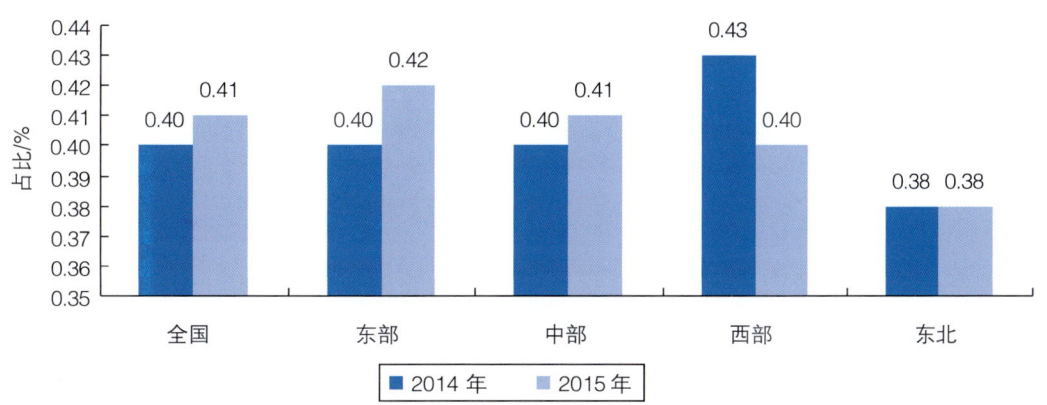

图2-17　2014年与2015年103家园区省部级以上研发中心占比

2.大型仪器设备总额大幅增长，数量与质量均有显著增长，但地区间差异有加大趋势

大型仪器设备是开展科研创新的必要基础和支撑，在科技创新方面有着标志性意义，因此在园区的评价中往往把大型仪器设备总额作为评价园区企业在创新投入方面的重要基础性指标。由于很多科学研究需要用到较高价值的科研设备，从而使得在

科研投入方面实力较强的园区往往具有一定的先发优势。在大型仪器设备原值总额方面，园区试验仪器设备完善，91.6%的园区拥有大型仪器设备。157家园区大型仪器设备原值总额为80.06亿元，平均每家园区0.51亿元。其中，泰安、湄潭、武汉、德州、泉州园区位于前五。2015年大型仪器设备原值总额前20名的园区如图2-18所示。

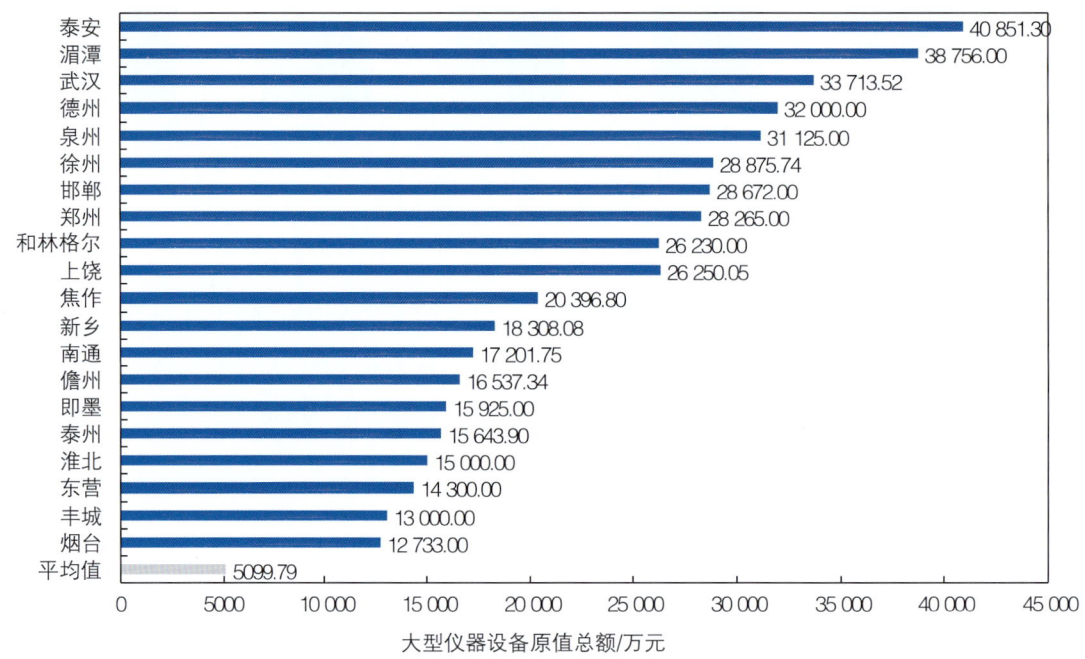

图2-18　2015年园区大型仪器设备原值总额前20位

2015年157家园区中，东部、中部与西部园区的均值分别为0.83亿元、0.60亿元与0.27亿元，东部与中部园区均超过全国均值。但东北园区的均值仅为960.61万元，与其他3个地区差异明显（图2-19）。

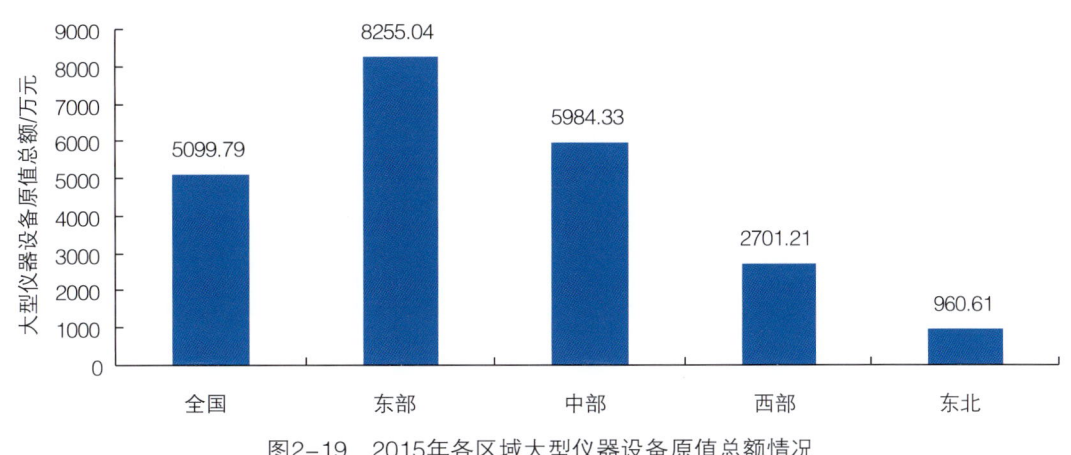

图2-19　2015年各区域大型仪器设备原值总额情况

2014年和2015年的数据对比方面，2015年，各园区加大了大型仪器设备的投资力度，大型仪器设备总额明显增长，且各地区均有明显涨幅（表2-6）。

表2-6　2014年和2015年103家园区大型仪器设备原值总额

单位：万元

地区	2014年	2015年
全国	1584.68	4187.60
东部	3196.28	8139.37
中部	803.66	5568.80
西部	1287.09	3235.54
东北	319.82	812.04

具体来看，同时参与2014年与2015年评价的103家园区中，4个地区的园区较2014年均有大幅增长（图2-20）。

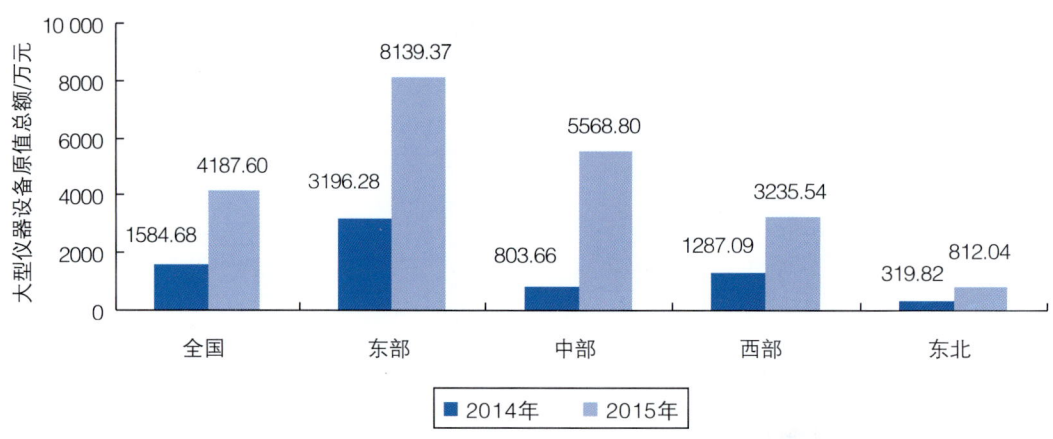

图2-20 2014年与2015年103家园区大型仪器设备原值总额

三、园区金融投资吸引力进一步增强

在农业科技园区建设过程中，大多数园区采取"政府引导、企业运作、社会参与"的方式，设立了投资管理公司，为园区企业搭建了投融资平台，大量吸引了社会资金和"三资"，增加了园区的资金来源。初步形成了政府、企业、社会各界投资参与园区建设和技术引进的多元化投融资机制，大大加快了园区建设。

1.园区土地投融资强度提高明显，投资区域更加理性，东北园区成为农业投融资重点关注区域

园区的建成加速了现代农业科技要素的聚集，促进了科技与金融的紧密结合。各地园区积极探索按照市场机制、企业化运行和产业化目标的建设模式，利用企业自有资金、政府补贴、金融融资等多渠道、多元化资金支持农业科技园区建设，通过国家科技政策引导和商业银行金融支持相结合，促进园区建设和发展。截至2015年年底，157家国家农业科技园区累计融资总额557.06亿元，其中企业投入占81.5%以上，社会投资已成为园区建设与发展的主导因素。2015年，157家园区单位土地面积投融资强度为2.93万元/公顷，其中荆州、松原、象山、济宁、岳阳排名前5位（图2-21）。

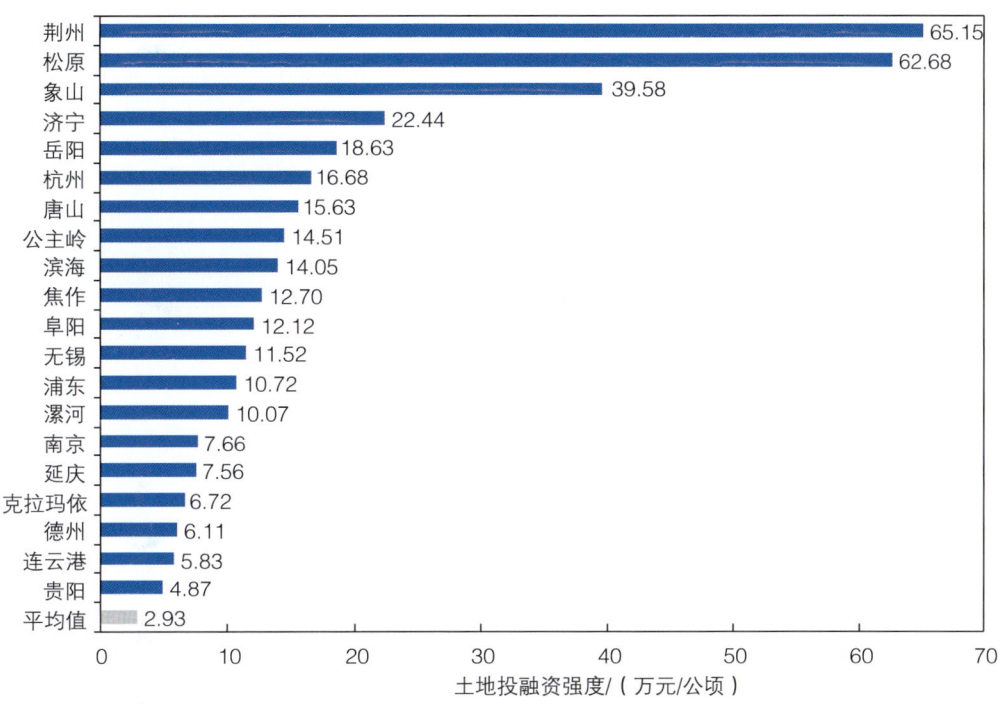

图2-21　2015年园区土地投融资强度前20位

从区域的对比来看，东北园区的土地投融资强度最高，为5.99万元/公顷，其次是东部园区、中部园区和西部园区，西部园区和其他区域差距明显。东北园区土地投融资强度较大，说明东北部地区一直是农业发展的重要区域，也是各类投融资机构在农业领域投资的重点区域。另外，从投资区域看，亦与现有的提振和复苏东北经济的思路较为吻合。

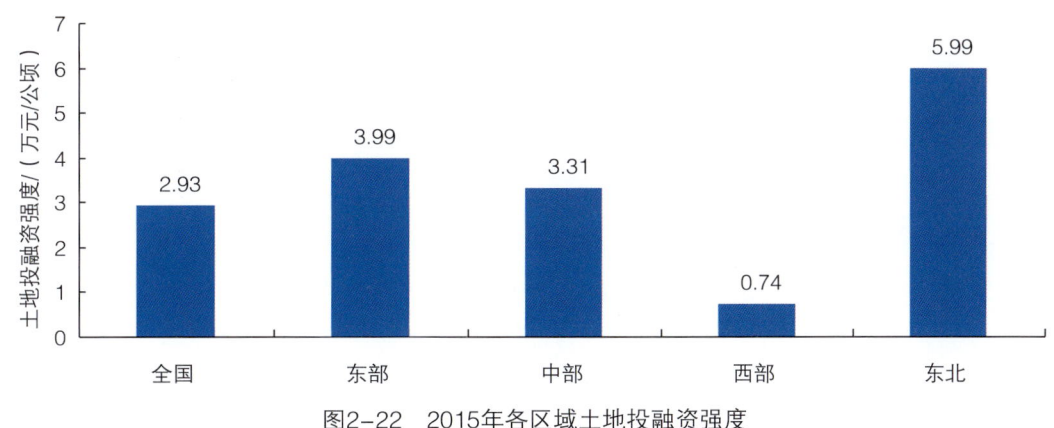

图2-22　2015年各区域土地投融资强度

2015年和2014年的数据对比方面,2015年比2014年总体略有下降。其中,中部园区较为明显,东部园区与东北园区较去年略有增长,西部园区变化较小(表2-7)。

表2-7 2014年和2015年103家园区土地投融资强度

单位:万元/公顷

地区	2014年	2015年
全国	3.22	3.00
东部	2.95	3.18
中部	5.82	4.16
西部	0.56	0.79
东北	5.79	6.24

具体来看,同时参与2014年与2015年评价的园区有103家,2015年,全国平均土地投融资强度为3.00万元/公顷。其中,东部、中部、东北园区均高于全国平均水平,西部园区以0.79万元/公顷排在最末位(图2-23)。西部园区的土地投融资强度虽然较低,但有所增长,且有明显的增长幅度,农业投融资吸引力在持续增长中。

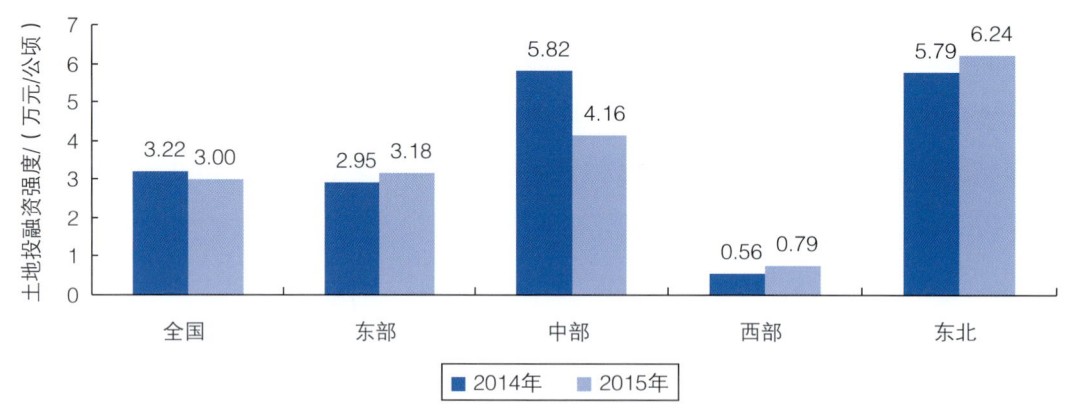

图2-23 2014年与2015年103家园区土地投融资强度

2.园区研发投入强度有所降低,但西部园区研发投入强度明显增强

研发投入强度体现的是园区企业在科技创新方面的重视程度,其强度的大小可以体现科技创新在企业中的地位,对于科技园区尤其重要,因此是衡量一个园区在创新方面的重要指标。2015年从研发投入强度来看,各园区均有不同程度的提高,说明园

区已经加强了科研的投入,提升了自身的科技含量,但从区域看仍然存在较大差异。2015年157家国家农业科技园区企业研发投入强度不断加大。哈尔滨、拉萨、儋州、湖州、南充居全国前5位(图2-24)。

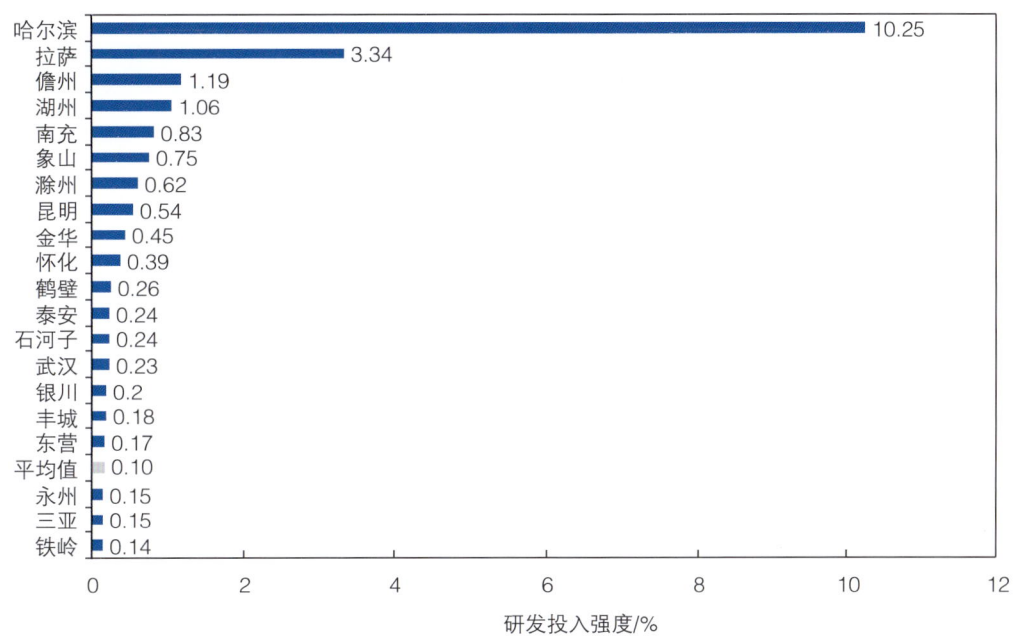

图2-24　2015年园区研发投入强度前20位

157家参评园区中,西部园区2015年表现强劲,以0.13%居榜首。东部园区以0.12%高于全国平均水平0.10%。东部园区以0.02%、中部园区以0.06%低于全国平均水平(图2-25)。

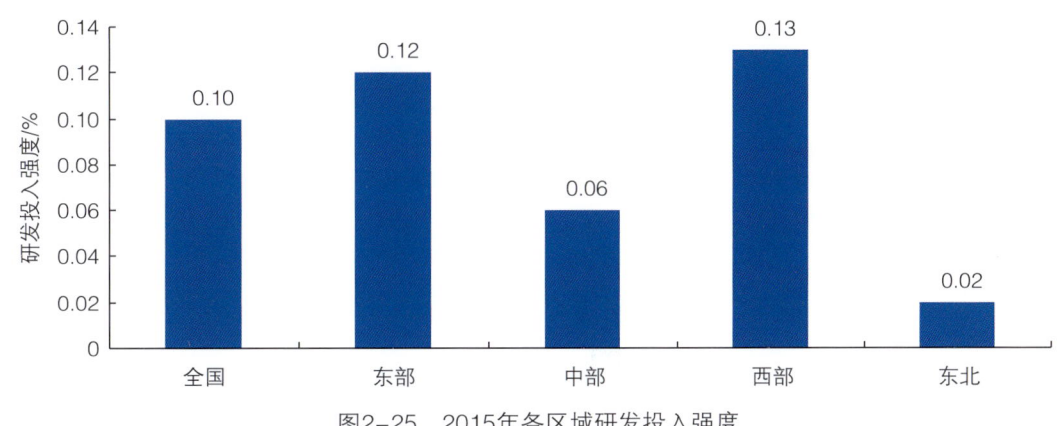

图2-25　2015年各区域研发投入强度

从2015年与2014年的对比来看，同时参与评价的园区中，东部园区研发投入强度最高，西部园区次之，东北园区最低（表2-8）。

表2-8　2014年和2015年103家园区研发投入强度

单位：%

地区	2014年	2015年
全国	0.14	0.10
东部	0.19	0.13
中部	0.04	0.04
西部	0.03	0.05
东北	0.02	0.03

具体来看，整体上各园区相比去年研发投入强度有所降低，尤其是东部园区降低较多。对东部园区数据进一步分析发现，东部园区研发投入强度降低的原因是2015年园区主营业务收入的增长较大，研发投入虽然有所增长，但增长率远低于主营业务收入增长率，导致研发投入强度有所降低。对比两年的数据发现，2015年西部园区和东北园区的研发投入强度有所上升，中部园区与去年持平，基本保持稳定（图2-26）。

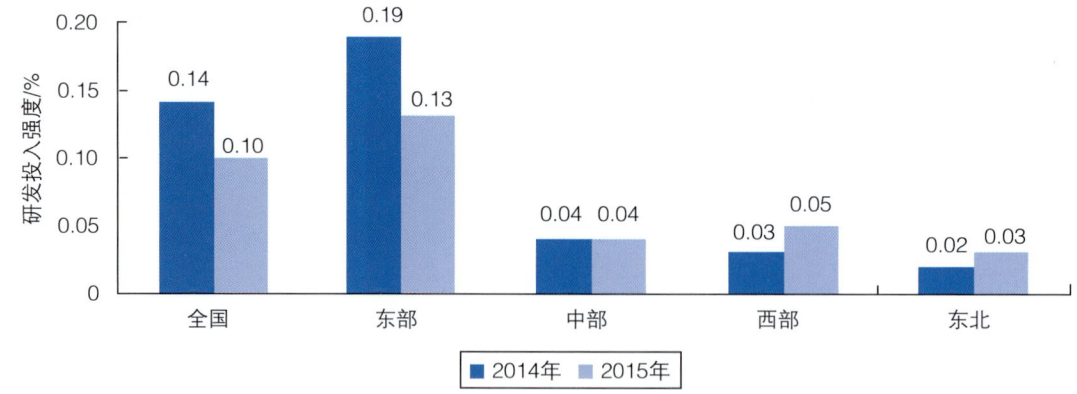

图2-26　2014年与2015年103家园区研发投入强度

四、园区信息化基础条件明显改善，节本增效成果斐然

经过多年的建设，中国农业科技园区基础设施明显改善，信息资源建设成效显

现，信息技术初步应用，园区信息化基础设施明显改善，为园区创新能力建设提供了重要的交流共享平台。

1.信息化基础设施明显改善

在园区管委会信息化投入支持下，园区信息化基础设施明显改善。2015年，157家园区信息化投入资金达55 179.34万元，平均每家园区信息化投入约351万元。其中，濮阳、淮安、许昌园区投入最多，均超过2000万元。截至2015年年底，每10人计算机拥有量8.97台，信息化基础设施水平较高。

2.信息技术得到初步应用

伴随信息技术的发展，园区在信息化、智能化技术方面的应用不断推广，电子商务、移动通信、QQ群、微信群等新兴互联网平台的使用使得各园区在信息交互方面得到了极大的便利，而电商平台的搭建如淘宝、天猫、京东等又为农业园区的发展拓展了外部空间。已有的157家园区共搭建平台1330个，平均每家园区达到了9个，88%以上的园区建立了自己的电商平台。

3.信息资源建设成效初显

大多数园区加强协同创新的共享交流机制，面向全国科研机构及高等院校、园区建设单位、龙头企业，建立了包括园区科技成果数据库、专利数据库、新产品数据库、科技文献数据库等在内的园区建设相关领域科技成果转化数据库系统。其中，约75%的园区链接了相关专业网络中心，获取多种农业信息资源，为创新主体提供了公用信息化服务平台。

五、政府对园区建设日益重视

2001年至今的十几年建设中，园区管理体系与保障机制逐步完善，园区建设步入规范化、科学化发展阶段。园区建设始终坚持"政府引导、企业运作、社会参与、农民受益"的原则，成立了园区部际协调指导小组和联合办公室，制定了《关于农业科技园区指南和管理办法（试行）》《国家农业科技园区综合评价指标体系》等一系列规章制度，使园区建设管理有序规范。各园区均制定了各具特色的优惠政策，为园区内企业发展、农业产业化发展创造了良好的外部环境。

六、小结

创新支撑是国家农业科技园区提升创新能力的必要基础和关键举措。本章结合2015年科技人员、研发经费、投融资强度、仪器设备、研发中心、信息化6个方面的指标对157家园区的创新支撑指数进行了核算，并得出如下结论：

（1）园区引进各类科技特派员情况整体保持稳定，东部园区注重个人科技特派员引入，西部园区则更注重法人科技特派员和科技特派团引入。

（2）园区研发人员数量增长明显，由此带动各区域增长，但研发人员质量仍需提高。

（3）园区积极建设各类研发平台，数量增长明显。同时，省部级研发平台比例基本保持稳定，东部园区继续领先。

（4）园区土地投融资强度提高明显，投资区域更加理性，东北园区成为农业投融资重点关注区域；园区研发投入强度有所降低，但西部园区研发投入强度明显增强。

（5）园区信息化基础设施明显改善，各类信息技术平台不断出现，各园区积极搭建电商平台。

国家农业科技园区创新能力评价报告2016—2017

第三章 国家农业科技园区创新能力分项评价

——创新水平评价

创新水平反映的是各园区开展的创新活动及取得的技术成果，由园区投入的创新资源和经费在一定条件下转化而形成，并且通过市场经营、推广和转化形成园区创新绩效，是反映国家农业科技园区创新过程质量的重要指标。评价报告涉及的创新水平指标主要包括：开展研发项目取得的专利成果、引进示范及取得的成果（引进和推广的新品种、新品系、新技术、新产品和新设施等）。在评价中分为3个指标，分别是授权发明专利数、科技引进、科技推广。

一、园区创新成果略有增加

评价报告采用授权发明专利数作为衡量园区创新成果的主要指标，同时，园区科研人员人均申请专利的数量在一定程度上反映了科研活动的积极性和活跃程度，可作为一个重要的参考性指标。

1. 园区的平均授权发明专利数稳步增长，东部园区的平均授权发明专利数最多

2015年全国157家园区授权发明专利总数为2704件，平均授权发明专利数为17.22件。授权发明专利数前20位的园区如图3-1所示。

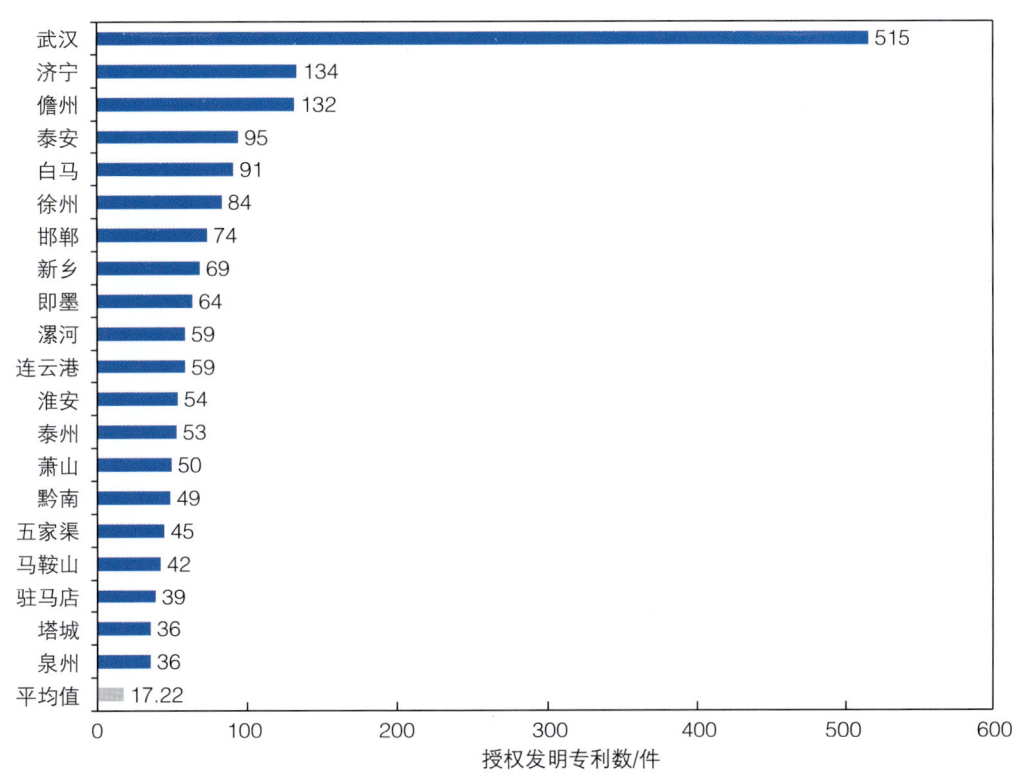

图3-1 2015年园区授权发明专利数前20位

从图3-1可以看出，授权发明专利数排名前20位的园区的专利数均超过了园区平均值，且都明显高于平均值，这说明授权发明专利数量分布相对集中在少数园区，园区间的差异较大，且武汉、济宁、儋州、泰安和淮安等园区2014年的授权发明专利数就名列前茅，由此可以发现园区在发明专利方面呈现出"强者越强，弱者越弱"的格局，即"马太效应"现象。授权发明专利数很大程度上代表了园区的自主创新和创新转化能力。出现这种情况，一方面是由于创新过程本身具有周期长、投入大的特征，尤其是自主创新能力的提升需要一定的时间；另一方面，部分园区缺乏自主创新的动力，仍然依靠传统的产品或业务增收，这需要通过加强对创新能力的监测和评价，并适时建立相应的退出机制（摘牌或资金及政策支持的回收），给予园区的创新产出以压力和动力，利用"倒逼"机制让园区从依靠"传统产业发展"向"创新引领发展"方式过渡。2015年的园区授权发明专利方面，武汉园区依然处于领先地位。武汉园区较为注重创新资源投入，实现了创新人力资本的聚焦，同时在大学和科研机构的支撑下，通过科学的产学研合作方式实现了创新成果转化，自主创新能力突出，济宁、儋州园区紧随其后。由此可见，创新人力资本聚焦和良好的产学研合作是提高创新成果产出的关键因素，对于区域内缺少高水平科研机构或大学的园区，应该通过多种形式进行跨区域的合作，获得提升自主创新能力的科技支撑。

2015年157家园区授权发明专利数的区域对比方面，从图3-2中可以看出，东部园区的授权发明专利数平均值最高，为26.51件，略高于中部园区，而西部和东北园区的授权发明专利数明显落后于东部和中部园区。

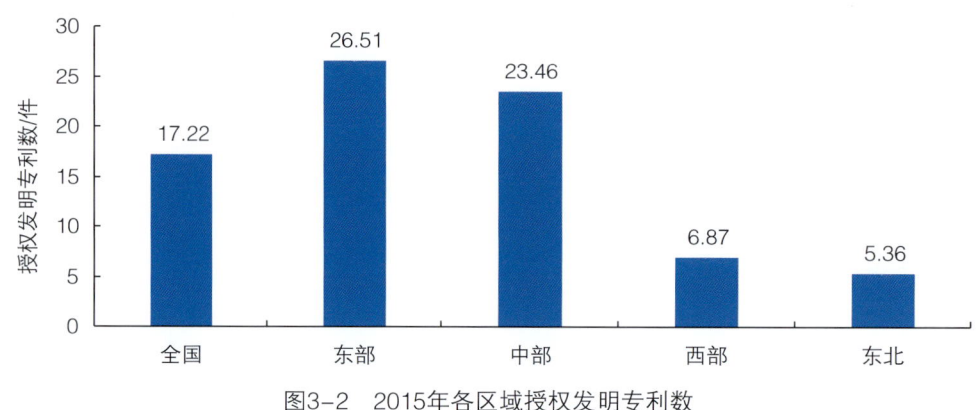

图3-2　2015年各区域授权发明专利数

2014年和2015年的数据对比方面，全国和东部、中部、西部及东北园区的授权发明专利数据，以及剔除武汉园区后的授权发明专利修正数据如表3-1所示。

表3-1　2014年和2015年103家园区授权发明专利数

单位：件

地区	2014年授权发明专利数	2014年修正后授权发明专利数	2015年授权发明专利数	2015年修正后授权发明专利数
全国	13.57	9.86	17.36	12.44
东部	19.55	19.55	27.72	27.72
中部	19.04	4.12	27.04	6.71
西部	8.4	8.4	6.17	6.17
东北	3.23	3.23	5.77	5.77

2014年和2015年的数据对比显示,2015年103家共同样本园区平均授权发明专利数为17.36件,比2014年的13.57件有所增长,增幅超过20%,超过了上一年的增幅,这说明整体上园区保持了较高的创新产出增长速度。修正后的授权发明专利数同样有较为明显的上升。区域对比方面,2015年东部园区授权发明专利数27.72件,相对于2014年的19.55件有明显提升,增长幅度超过40%,东部园区的平均数最高。2015年中部园区的授权发明专利数27.04件,相较于2014年的19.04件也有明显增加,但主要是武汉园区的数量较大,拉高了中部园区的平均水平,修正后中部园区的平均值有明显下降。修正后2015年中部园区平均授权发明专利数为6.71件,相对于2014年增长也超过了50%。西部园区授权发明专利数6.17件,相对于2014年的8.4件有所下降。此外,东北地区的授权发明专利数相对上一年也有明显增长,增幅将近80%(图3-3)。

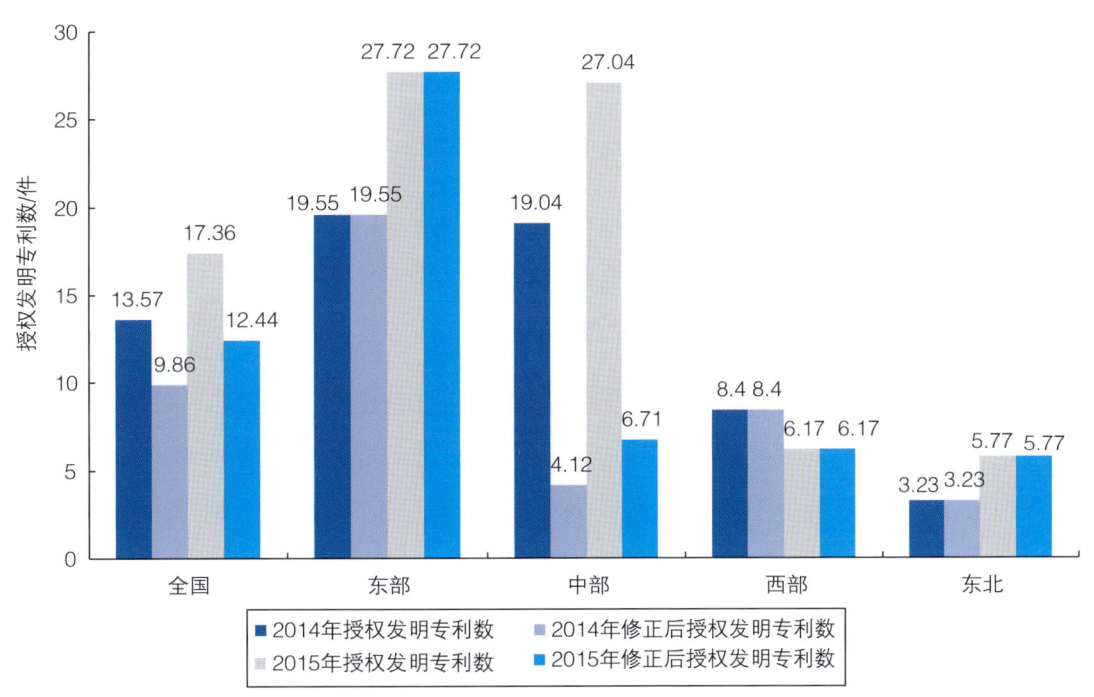

图3-3　2014年和2015年103家园区授权发明专利数

2.园区的每百名研发人员授权发明专利数和申请数均有所上升,东北园区每百名研发人员授权发明专利数最高

2015年全国157家园区每百名研发人员授权发明专利数的平均值为9.75件。每百名研发人员授权发明专利数前20位的园区如图3-4所示。

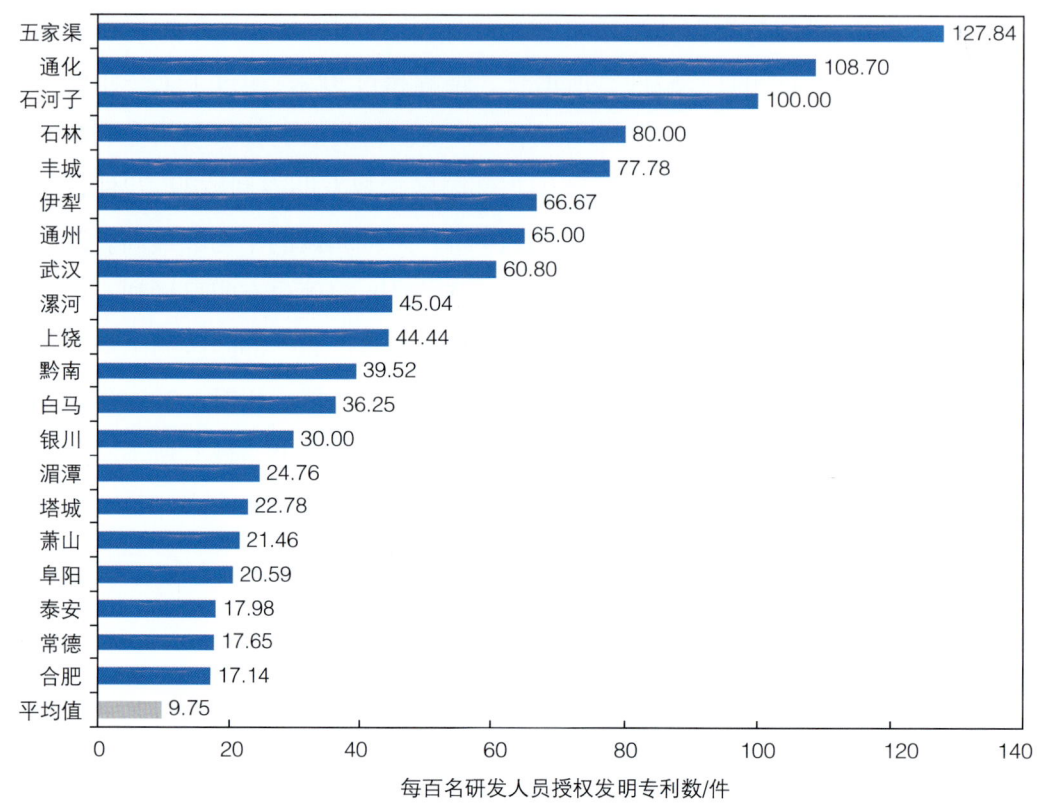

图3-4 2015年园区每百名研发人员授权发明专利数前20位

由图3-4可以看出,每百名研发人员授权发明专利数居前20名的园区的专利数均超过了全国园区平均值,且都明显高于平均值,且五家渠、通化、石河子、石林和丰城等园区2014年的授权发明数就名列前茅。但是,这个排名只具有相对的参考价值,排名靠前的园区部分是由于研发人员较少导致数据较高,因此,不能完全代表其创新产出水平。

2015年每百名研发人员授权发明专利数的区域对比方面,从图3-5中可以看出,东北园区的百名研发人员授权发明专利数最多,为12.35件,而东部园区相对较低,为8.09件,这与东部园区的研发人员较多、从研发投入到成果产出需要一定的时间及专利本身的质量等因素相关。

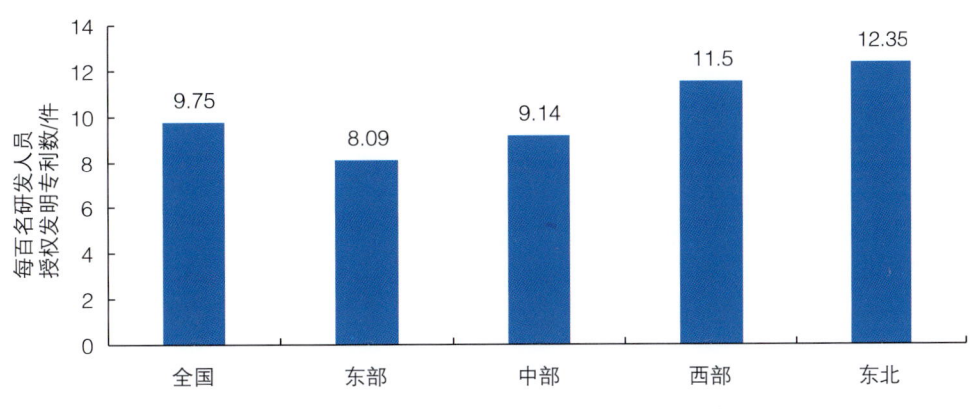

图3-5　2015年各区域每百名研发人员授权发明专利数

2015年和2014年103家共同样本的数据对比方面，2015年每百名研发人员授权发明专利数为10.15件，明显高于2014年的园区平均水平6.59件。考虑到2015年发明专利授权率约为32.58%（国家知识产权局共受理发明专利申请110.2万件，同比增长18.7%，共授权发明专利35.9万件，2014年发明专利授权率约为25.11%），初步可以推断出园区每百名研发人员申请发明专利数为31.15件。相比2014年该数据有所上升，主要是由于2015年各园区加强了创新资源的成果转化能力，在园区研发人员数量增加的同时，创新成果的形成速度持续加快，创新周期不断缩短，创新成果数量有明显增加（图3-6）。

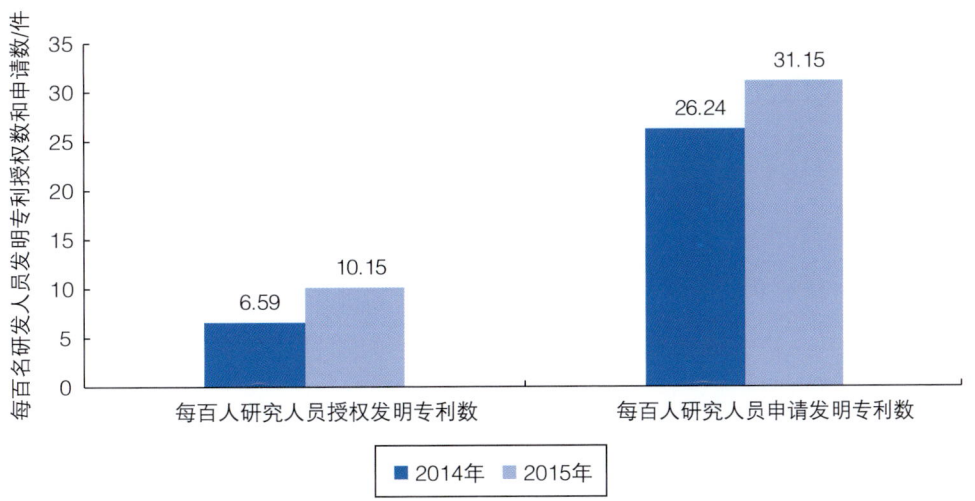

图3-6　2014年和2015年103家园区每百名研发人员发明专利申请数和授权数

从总体上看，2015年授权发明专利数比2014年有所增加。同时，每百名研发人员发明专利的申请数和授权数也有所上升，如图3-7所示。

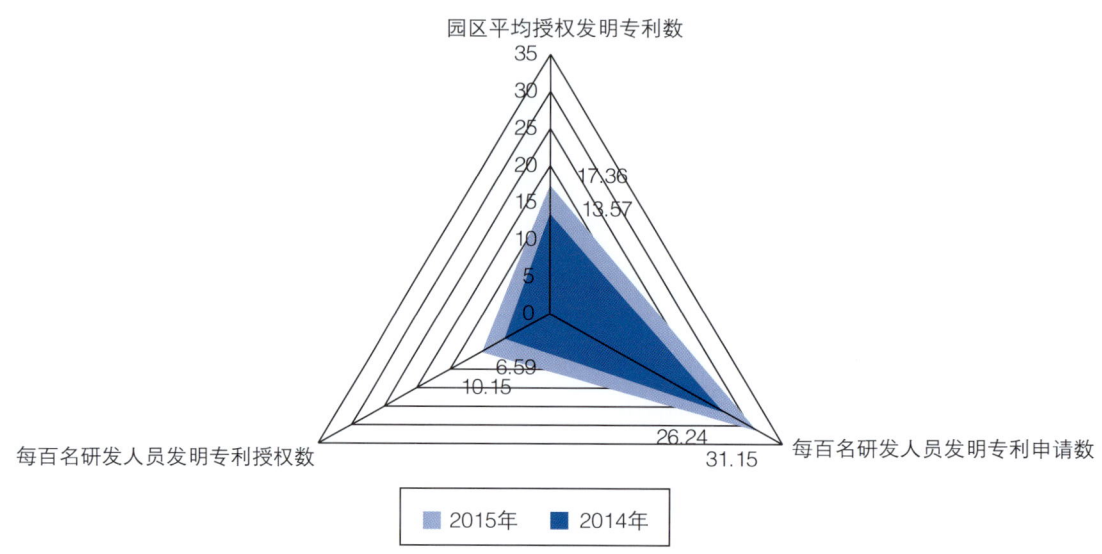

图3-7　2014年和2015年103家园区创新成果对比（单位：件）

二、园区集成创新能力有所增强

对园区集成创新能力的评价采用科技引进类指标，含引进植物新品种、引进畜禽水产新品系及引进新技术、新产品和新设施3个分项指标。总体来看，园区科技引进品种逐步多元化，东部园区科技引进水平相对于其他地区具有一定优势。

1.园区引进的植物新品种有所增加，东部园区引进植物新品种数量最多

在引进植物新品种方面，157家园区引进植物新品种总数为4227个，平均每家园区26.92个。其中，共引进粮食新品种883个，平均每家园区5.62个，占引进植物新品种的20.89%。引进植物新品种数量前20名的园区如图3-8所示。

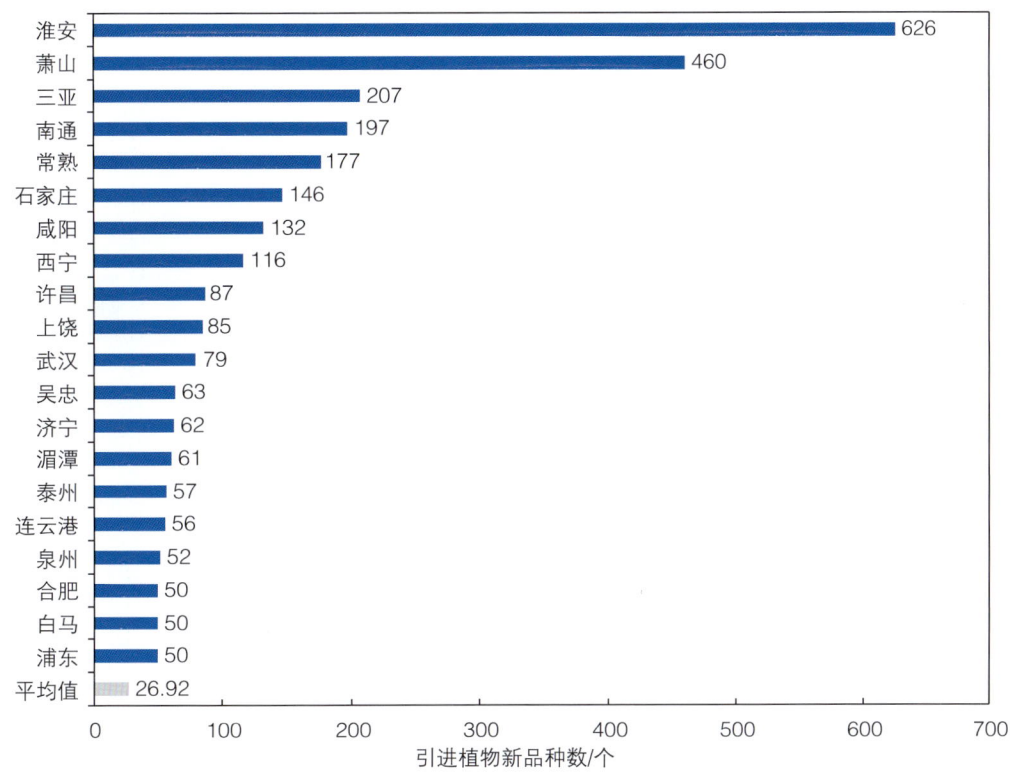

图3-8　2015年各园区引进植物新品种数前20名

引进植物新品种数前20名的园区均超过了园区平均值，且均接近或超过均值的2倍，这说明植物新品种的引进数相对集中。其中，武汉园区和萧山园区的引进数量分别达到626个和460个，领先优势较为明显。

2015年157家园区引进植物新品种数的区域对比方面，从图3-9中可以看出，东部园区引进植物新品种数的平均值最高，为54.89个，远远高于中部、西部和东北园区，而中部、西部和东北园区之间的数量差距较小。

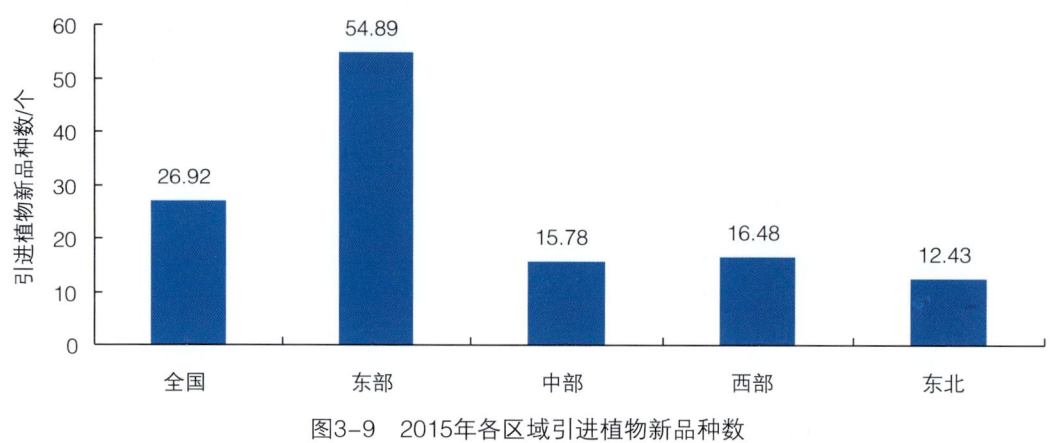

图3-9　2015年各区域引进植物新品种数

引进的植物新品种数据对比方面，2014年和2015年全国、东部、中部、西部及东北园区引进植物新品种数量如表3-2所示。

表3-2　2014年和2015年103家园区引进植物新品种数

单位：个

地区	2014年	2015年
全国	21.23	27.44
东部	36.55	51.07
中部	18.08	22.50
西部	13.97	16.91
东北	12.92	15.27

2014年和2015年的数据对比显示，2015年103家共同样本园区引进的植物新品种平均数量为27.44个，显著高于2014年的平均水平21.23个，增幅达到约30%。2015年东部地区园区引进的植物新品种数量最多，达到51.07个，远远高于中部和西部园区，并且比2014年的东部园区平均水平36.55个有大幅增加，增长幅度约40%。2015年中部园区引进的植物新品种数量为22.50个，高于2014年的平均数18.08个。2015年西部园区引进的植物新品种数量为16.91个，较2014的平均数13.97个有所增加。2015年东北园区引进的植物新品种数量从2014年的12.92个增长到15.27个（图3-10）。

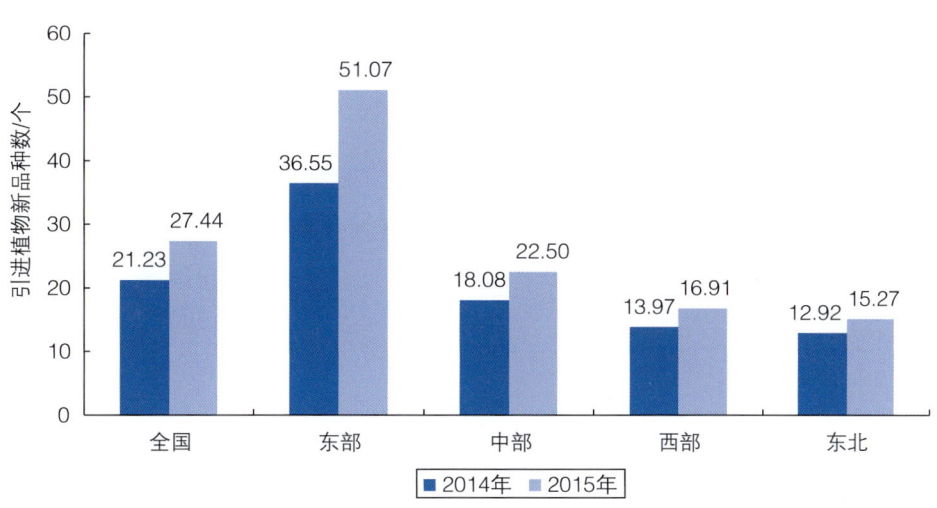

图3-10 2014年和2015年103家园区引进植物新品种数

2.园区引进的畜禽水产新品系显著增加，西部园区引进的数量最多且增长最为明显

2015年157家园区引进畜禽水产新品系的总数为575个，平均每家园区为3.69个，引进畜禽水产新品系数量居前20名的园区如图3-11所示。

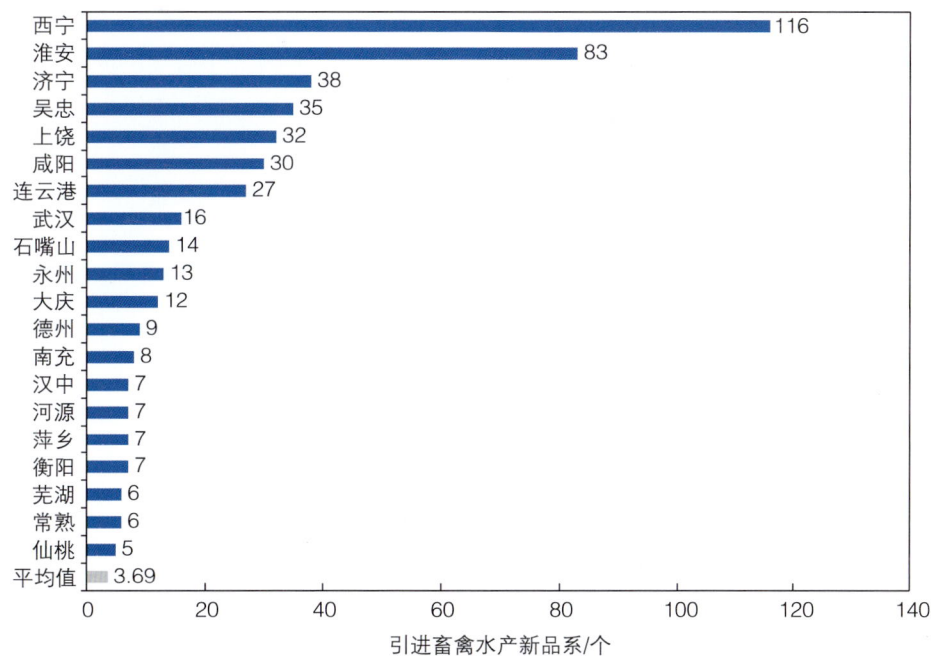

图3-11 2015年园区引进畜禽水产新品系前20位

引进畜禽水产新品系的数量居前20位的园区均超过平均数3.69个，其中西宁和淮安引进的数量分别为116个和83个，而其他园区的引进数量均在40个以下，两园区的领先优势明显。

2015年157家园区引进畜禽水产新品系的区域对比方面，从图3-12中可以看出，西部园区引进的畜禽水产新品系的平均值最高，为4.79个，略高于东部园区的4.36个，明显领先于中部和东北园区。

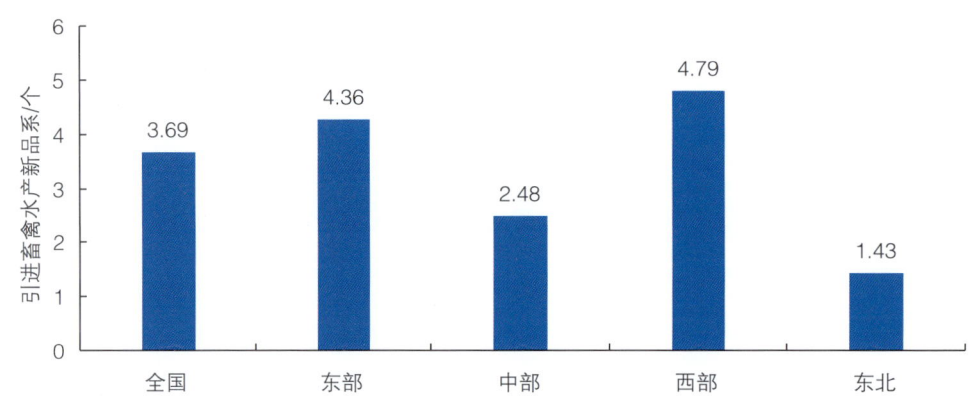

图3-12 2015年各区域引进畜禽水产新品系数量

引进的畜禽水产新品系数据对比方面，2014年和2015年全国、东部、中部、西部及东北园区引进的畜禽水产新品系数如表3-3所示。

表3-3 2014年和2015年103家园区引进畜禽水产新品系数量

单位：个

地区	2014年	2015年
全国	2.89	4.36
东部	4.34	4.79
中部	3.19	3.73
西部	1.83	5.51
东北	1.92	1.54

2014年和2015年的数据对比显示，2015年园区引进的畜禽水产新品系平均数量为4.36个，高于2014全国园区的平均水平2.89个，但是相对于园区引进的植物新品种

平均数量27.44个仍然有很大差距。2015年西部园区引进的畜禽水产新品系的平均数量最多，高于东部、中部和东北园区，并且西部园区相对于2014年的平均数量增加了2倍。2015年东部和中部园区引进的畜禽水产新品系的平均数量均明显高于2014年的平均水平，东北园区引进的平均数量有所下降（图3-13）。

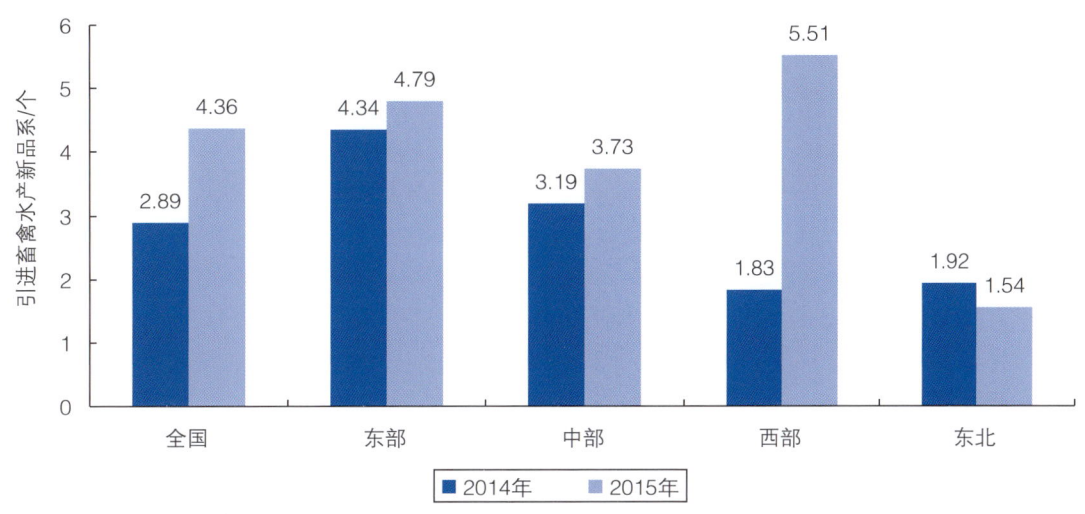

图3-13　2014年和2015年103家园区引进畜禽水产新品系数量

3. 园区引进的新技术、新产品和新设施的数量增长显著，东部园区引进的新技术、新产品和新设施的数量较多

2015年157家园区引进的新技术、新产品和新设施的总数为3587个，每家园区平均为22.85个，引进的新技术、新产品和新设施前20名的园区如图3-14所示。

引进的新技术、新产品和新设施的数量居前20位的园区引进数均超过了平均数22.85个，其中淮安、济宁和武汉园区引进的数量分别为1068个、327个和225个，3个园区的引进数量均超过了200个，而其他园区均不超过60个，说明在引进新技术、新产品和新设施数量方面呈现相对集中的趋势。

2015年157家园区引进的新技术、新产品和新设施数量的区域对比方面，从图3-15中可以看出，东部园区引进的新技术、新产品和新设施平均值最高，为45.82个，明显高于中部、西部和东北园区的引进数量，而中部、西部和东北园区引进数量的差距很小。

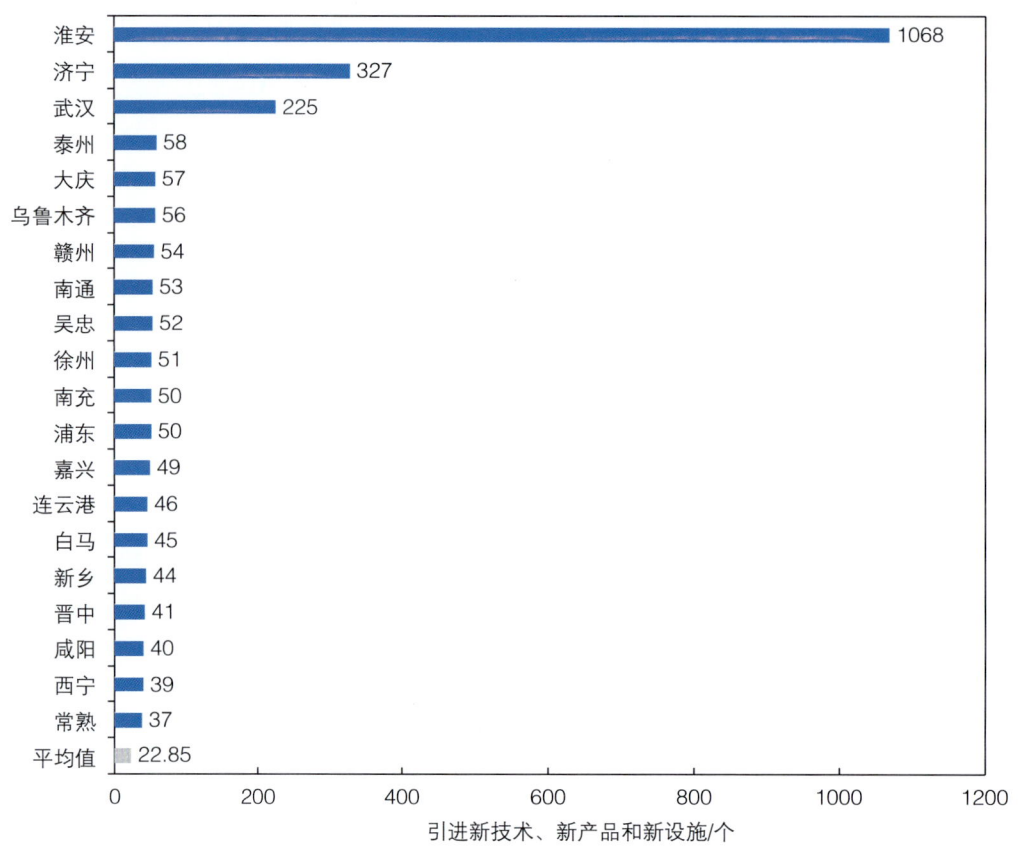

图3-14 2015年园区引进新技术、新产品和新设施前20位

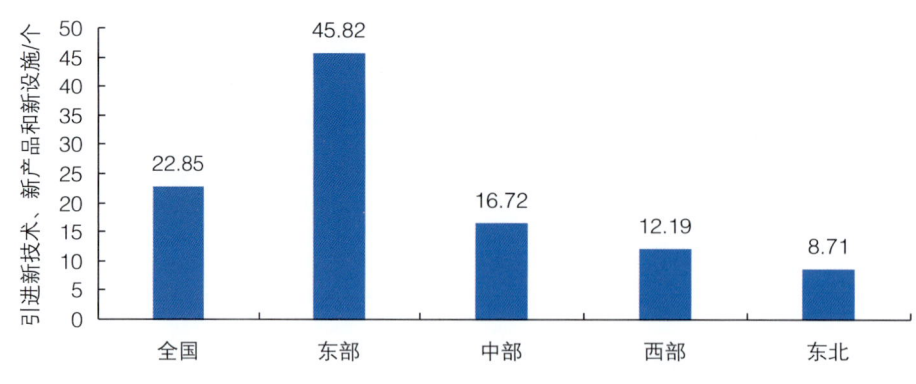

图3-15 2015年各区域引进的新技术、新产品和新设施数量

引进的新技术、新产品和新设施数量对比方面，2014年和2015年全国、东部、中部、西部及东北园区引进的新技术、新产品和新设施数量如表3-4所示。

表3-4　2014年和2015年103家园区引进的新技术、新产品和新设施数量

单位：个

地区	2014年	2015年
全国	21.31	26.93
东部	47.14	60.21
中部	12.68	18.92
西部	10.89	12.00
东北	9.00	8.92

2014年和2015年的数据对比显示，2015年103家园区引进的新技术、新产品和新设施平均数量为26.93个，明显高于2014年引进的新技术、新产品和新设施平均数量21.31个。区域对比方面，2015年东部园区引进的新技术、新产品和新设施平均数量为60.21个，明显高于其他园区。同时，2015年东部园区引进的新技术、新产品和新设施数量远远高于2014年的47.14个，增幅接近30%。中部园区引进的新技术、新产品和新设施数量高于西部园区，并且相对于2014年增幅接近50%。西部园区2015年引进的新技术、新产品和新设施数量高于2014年。而2015年东北园区的平均引进数量与2014年基本持平，且数量相对于其他3个区域园区较少（图3-16）。

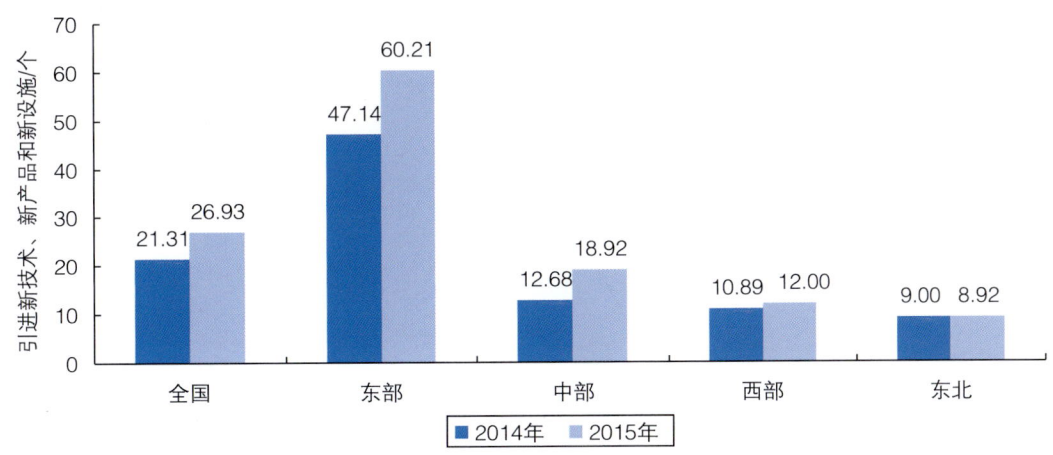

图3-16　2014年和2015年103家园区引进的新技术、新产品和新设施数量

4. 园区集成创新能力整体有所提高，东部园区依旧表现最为出色

总体上，2015年园区在引进植物新品种、引进畜禽水产新品系及引进新产品、新

技术和新设施的数量方面对比2014年均有明显增加，因此，2015年园区集成创新能力整体有所提高，如图3-17所示。

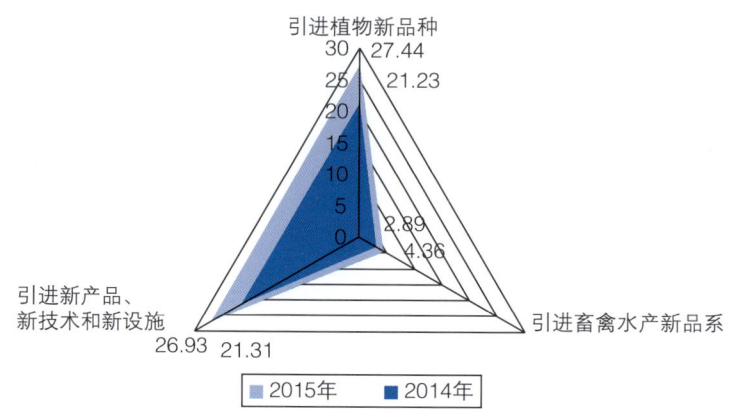

图3-17　2014年和2015年103家园区集成创新水平对比（单位：个）

区域对比方面，东部园区在引进植物新品种和新产品、新技术和新设施方面均表现最佳，而西部园区在引进禽畜水产新品系方面领先。总体上看，东部园区的集成创新能力相对于中部、西部和东北园区具有一定优势。而中部、西部与东北园区的集成创新能力依旧较为接近，如图3-18所示。

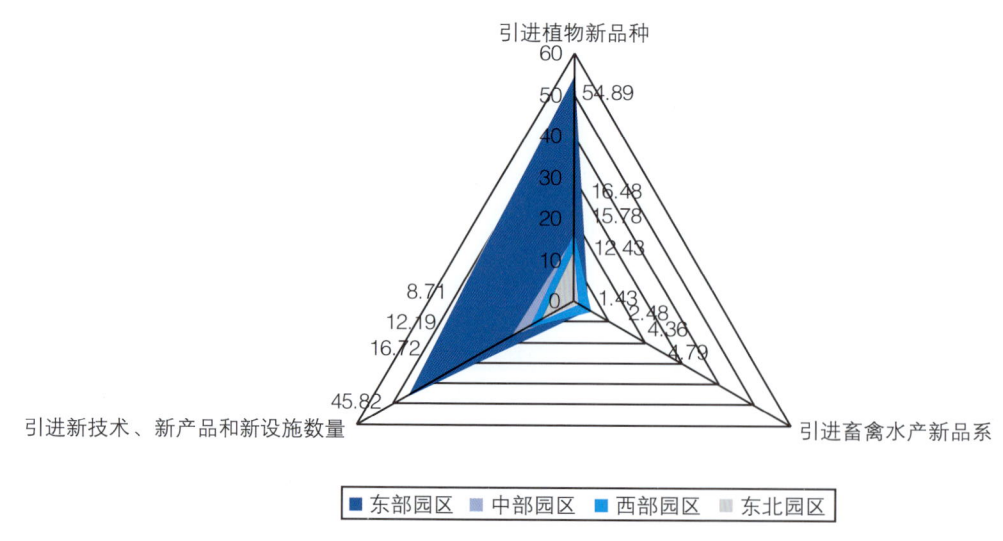

图3-18　2015年园区集成创新水平区域对比（单位：个）

三、园区辐射带动效果明显

对园区成果辐射能力的评价采用集成推广类指标,含推广植物新品种、推广畜禽水产新品系及推广新技术、新产品和新设施3个分项指标。总体上,东部园区的科技推广水平优于其他地区。

1.推广的植物新品种显著增加,东部园区推广植物新品种方面优势明显

在推广植物新品种方面,157家园区推广植物新品种总数为2607个,平均每家园区16.61个。推广植物新品种数量前20位的园区如图3-19所示。

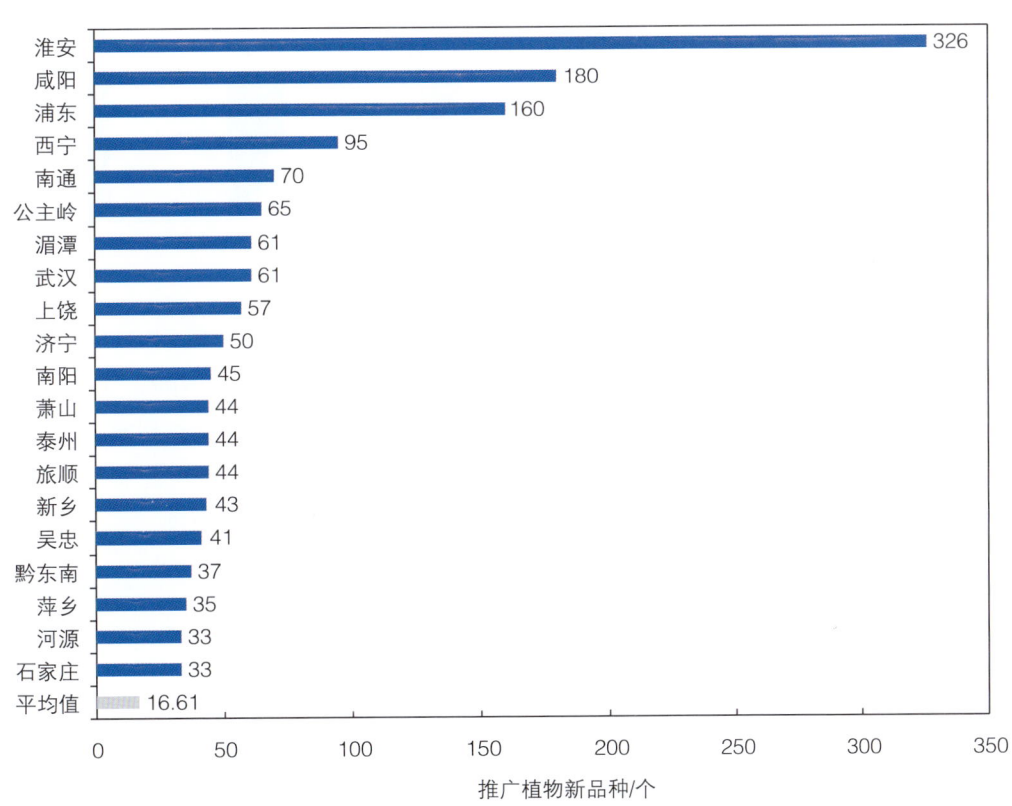

图3-19　2015年园区推广植物新品种数量前20位

由图3-19可以看出,排名前20位的园区推广的植物新品种数均超过平均值16.61个,且20家园区的推广数量均为平均值的2倍以上,这在一定程度上说明推广的植物

新品种主要集中在部分园区，园区间在植物新品种推广方面存在不平衡的状况。而淮安、咸阳、浦东推广的植物新品种数量依旧明显领先其他园区。

2015年157家园区推广植物新品种数量的区域对比方面，从图3-20中可以看出，东部园区推广植物新品种数的平均值最高，为24.42个，远远高于中部、西部和东北园区，而中部、西部和东北园区之间的差距较小。推广植物新品种数相对于其引进数，区域间的差异明显要小。

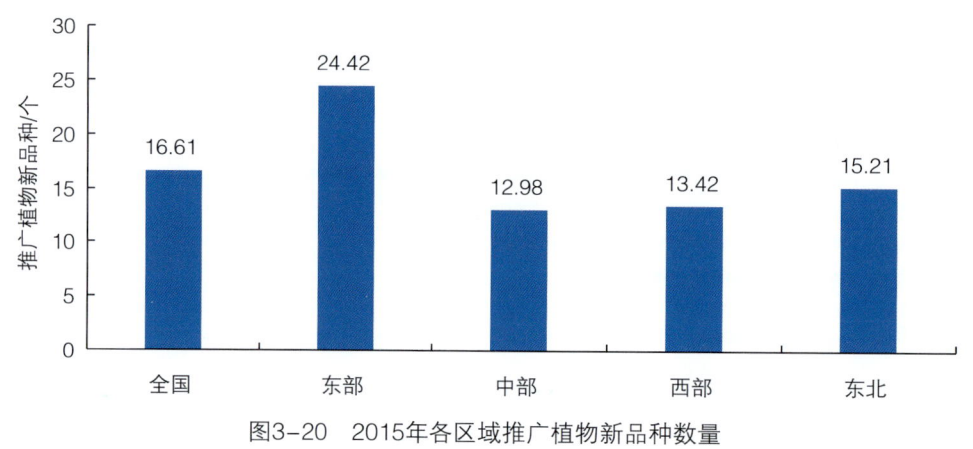

图3-20　2015年各区域推广植物新品种数量

推广的植物新品种数量对比方面，2014年和2015年全国、东部、中部、西部及东北园区推广的植物新品种数量如表3-5所示。

表3-5　2014年和2015年103家园区推广植物新品种数量

单位：个

地区	2014年	2015年
全国	13.20	17.89
东部	20.28	27.76
中部	13.58	15.69
西部	7.23	12.03
东北	12.77	16.08

2014年和2015年的数据对比显示，2015年园区平均推广植物新品种的数量为17.89个，明显高于2014年推广的植物新品种数量13.20个，增长幅度超过30%。区域

对比方面，2015年东部园区推广的植物新品种数量平均为27.76个，高于中部园区的15.69个、西部园区的12.03个及东北园区的16.08个。同时，2015年东部园区推广的植物新品种数量远远高于2014年的20.28个，增幅超过了30%。中部、西部和东北园区推广的植物新品种数量均略高于2014年的平均水平，且有一定幅度的增长。同时，相对于2014年，中部与西部园区之间在植物新品种推广方面的差距没有明显变化，而东部园区其他园区之间的差距呈现增大的趋势，如图3-21所示。

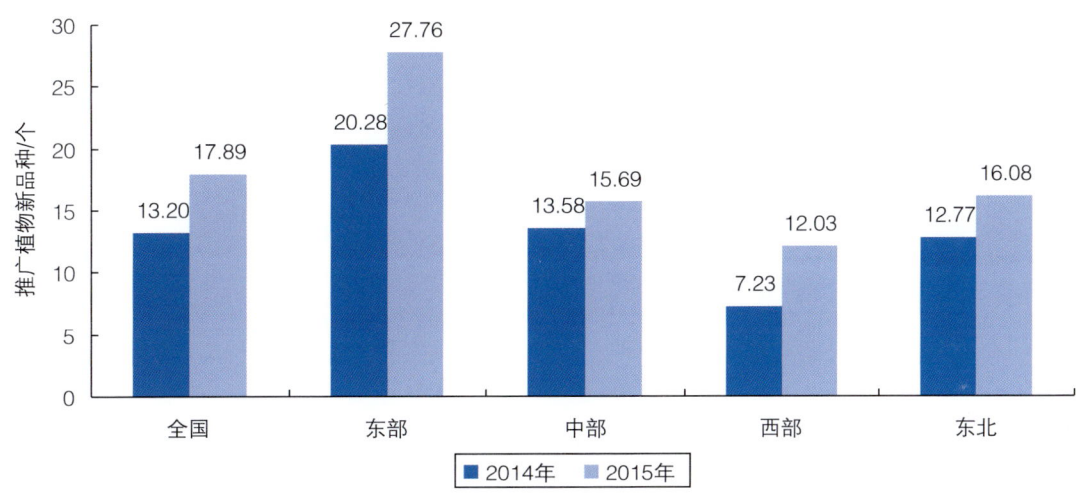

图3-21　2014年和2015年103家园区推广植物新品种数量

2.推广的畜禽水产新品系数量显著增加，但相对于推广的植物新品种仍然偏少，东部园区推广的畜禽水产新品系数量延续优势，西部园区较2014年出现大幅提升

在推广的畜禽水产新品系方面，157家园区推广的畜禽水产新品系总数为450个，平均每家园区达到2.87个。推广的畜禽水产新品系居前20名的园区如图3-22所示。

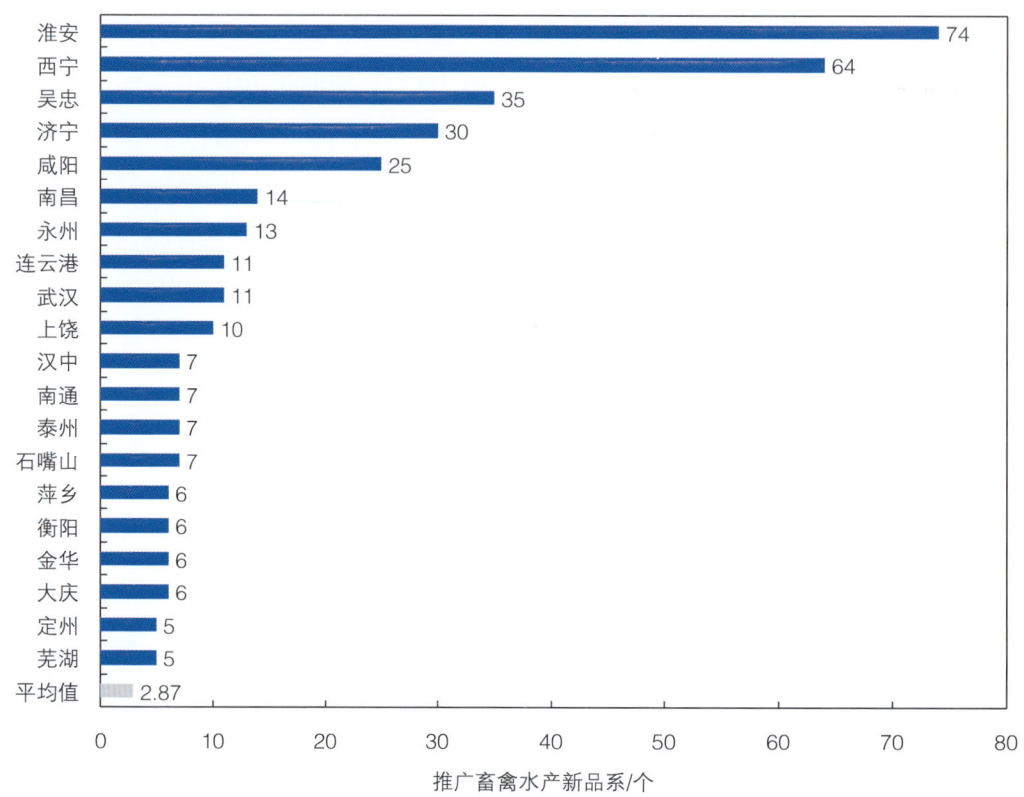

图3-22 2015年园区推广畜禽水产新品系数量前20位

由图3-22可以看出，前20位的园区推广畜禽水产新品系的数量均超过平均值2.87个，并且其数量为均值的2倍或更多。说明在禽畜水产新品系的推广方面，部分园区表现较为出色，园区之间存在一定的差异。淮安和西宁园区推广的畜禽水产新品系数量明显领先其他园区，两者的推广数量均超过了60个。

2015年157家园区推广畜禽水产新品系数量的区域对比方面，从图3-23中可以看出，东部园区推广畜禽水产新品系的平均值最高，为3.82个，略高于西部园区3.31个，同时，远远高于中部园区和东北园区。中部与东北园区在推广畜禽水产新品系数量上较为接近。

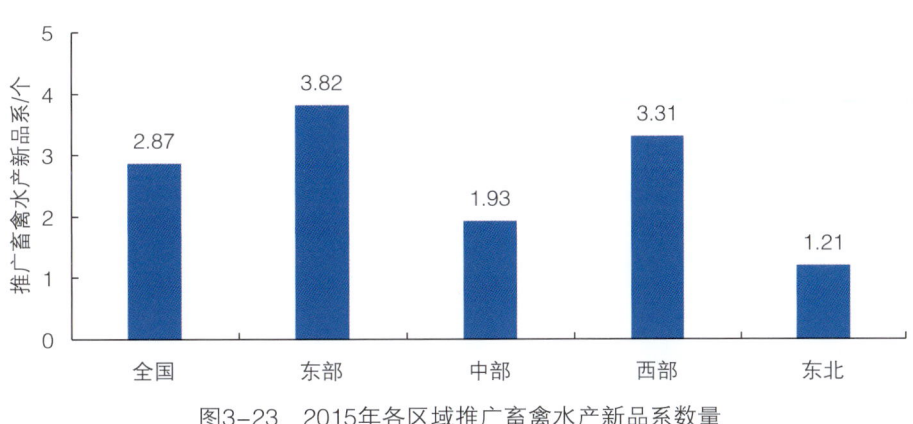

图3-23　2015年各区域推广畜禽水产新品系数量

推广的禽畜水产新品系数量对比方面，2014年和2015年全国、东部、中部、西部及东北园区推广的禽畜水产新品系数量如表3-6所示。

表3-6　2014年和2015年103家园区推广的禽畜水产新品系数量

单位：个

地区	2014年	2015年
全国	2.16	3.31
东部	3.34	4.48
中部	2.69	2.62
西部	1.17	3.60
东北	1.08	1.30

2014年和2015年的数据对比显示，2015年园区平均推广畜禽水产新品系的数量为3.31个，相对于2014年的2.16个增加了50%以上。区域对比方面，2015年东部园区推广的畜禽水产新品系数量平均为4.48个，较2014年的3.34个有所增加。2015年中部园区推广的畜禽水产新品系数量与2014年基本持平。2015年西部园区推广的畜禽水产新品系数量平均为3.60个，显著高于2014年。2015年东北园区的禽畜水产新品系推广数量比2014年略有增加（图3-24）。

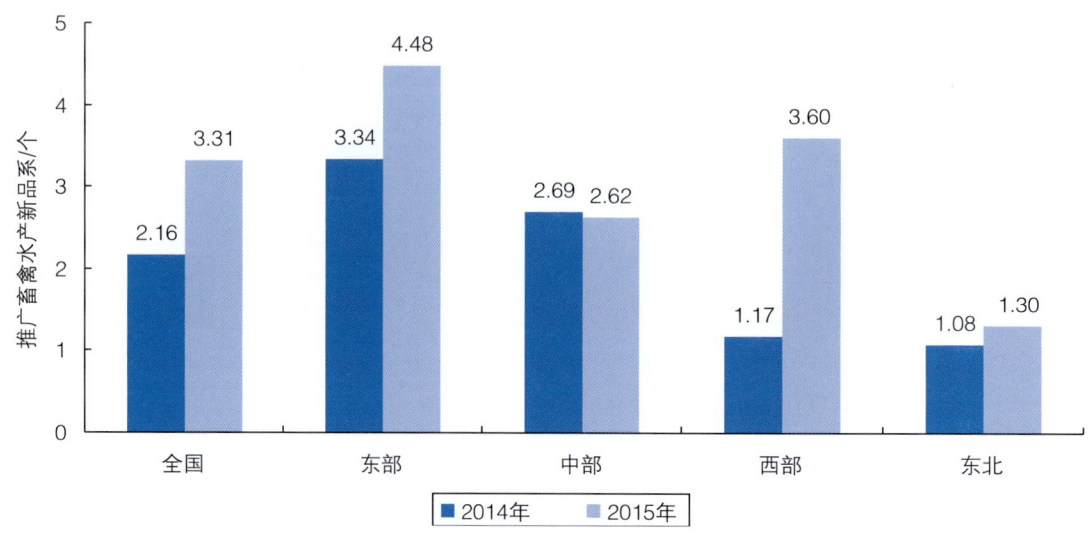

图3-24　2014年和2015年103家园区推广的畜禽水产新品系数量

3. 推广的新技术、新产品和新设施数量有所增加，东部园区推广的新技术、新产品和新设施的数量最多，西部园区增长最为明显

在推广的新技术、新产品和新设施数量方面，157家园区推广的新技术、新产品和新设施总数为2792个，平均每家园区17.78个。推广的新技术、新产品和新设施数量前20位的园区如图3-25所示。

由图3-25可以看出，排名前20位的园区推广的新技术、新产品和新设施数量均超过平均值17.78个，整体水平出现大幅提升。东部地区的淮安、济宁和浦东园区及中部地区的武汉园区推广的新技术、新产品和新设施数量依旧均超过了100个，明显领先其他园区。

2015年157家园区推广新技术、新产品和新设施数量的区域对比方面，从图3-26中可以看出，东部园区推广新技术、新产品和新设施数量的平均值最高，为32.82个，远远高于中部、西部和东北园区，中部、西部和东北园区之间在推广新技术、新产品和新设施数量上较为接近。

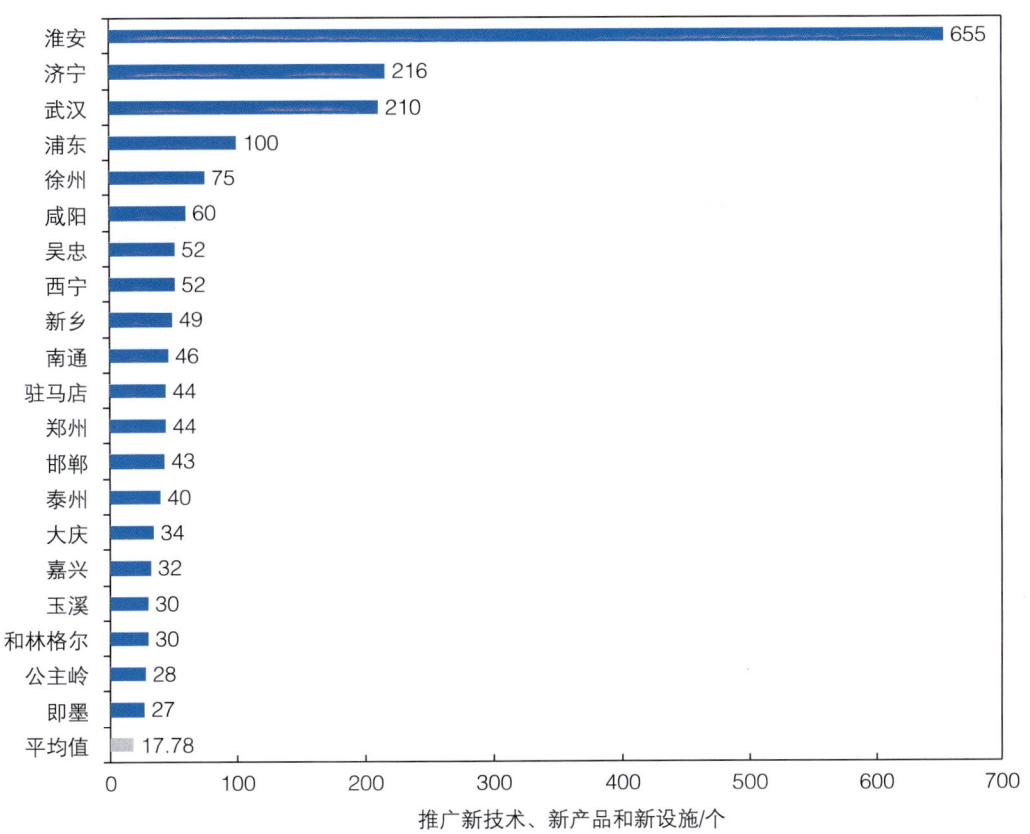

图3-25 2015年园区推广新技术、新产品和新设施数量前20位

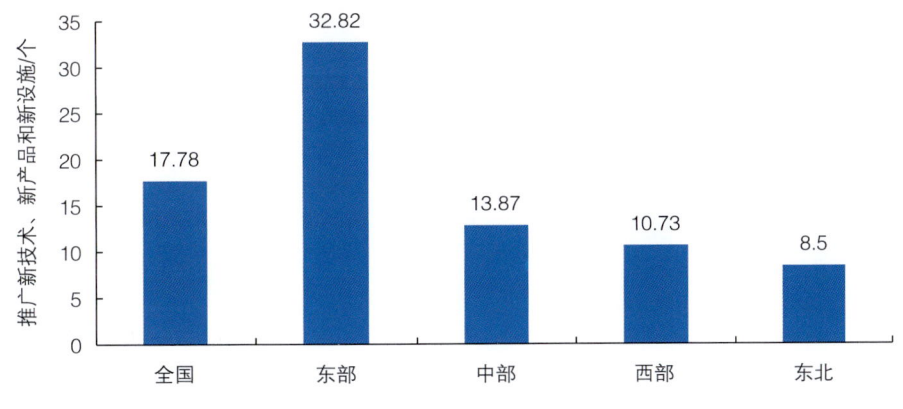

图3-26 2015年各区域推广新技术、新产品和新设施数量

推广的新技术、新产品和新设施数量对比方面，2014年和2015年全国、东部、中部、西部及东北园区推广的新技术、新产品和新设施数量如表3-7所示。

表3-7　2014年和2015年103家园区推广的新技术、新产品和新设施数量

单位：个

地区	2014年	2015年
全国	18.69	20.61
东部	41.17	42.34
中部	14.50	15.96
西部	6.43	10.49
东北	9.92	8.69

2014年和2015年的数据对比显示，2015年园区推广新技术、新产品和新设施数量平均为20.61个，相对于2014年的18.69个，有10%左右的小幅增长。区域对比方面，2015年东部园区推广的新技术、新产品和新设施数量平均为42.34个，远远高于中部园区的15.96个和西部园区的10.49个。同时，2015年东部园区推广的新技术、新产品和新设施数量略高于2014年的41.17个。中部园区推广的新技术、新产品和新设施数量高于西部园区，但西部园区增幅达到60%以上，增长最为明显。同时，东北园区2015年的推广数量相对于2014年略有下降（图3-27）。

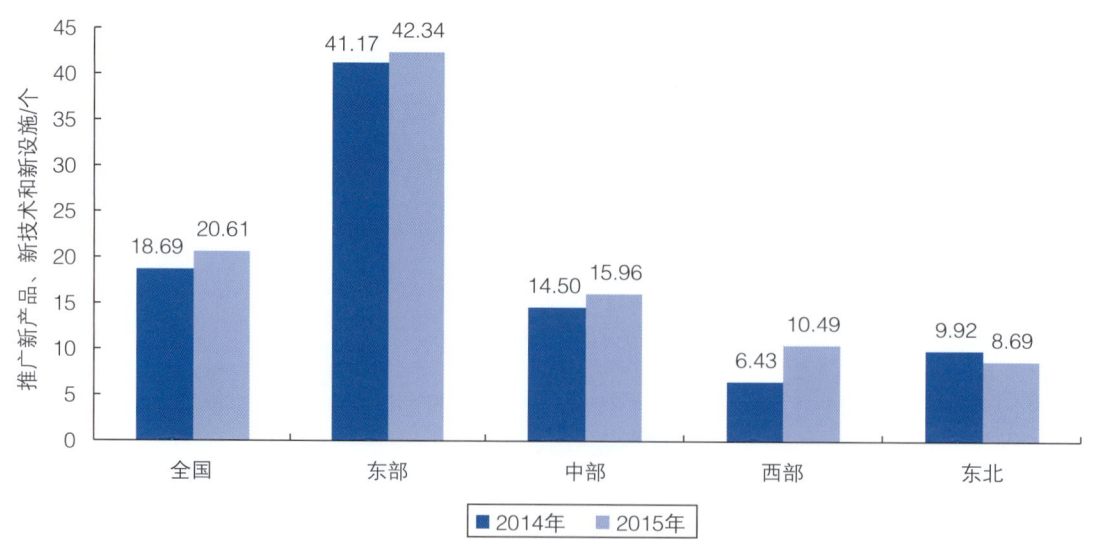

图3-27　2014年和2015年103家园区推广的新技术、新产品和新设施数量

4.成果辐射能力整体提升，东部园区成果辐射作用领先中部、西部园区和东北园区

总体上，2015年园区在推广植物新品种、畜禽水产新品系和新产品、新技术和新设施方面对比2014年都有一定提升，因此，2015年园区成果辐射能力整体均有所提高，如图3-28所示。

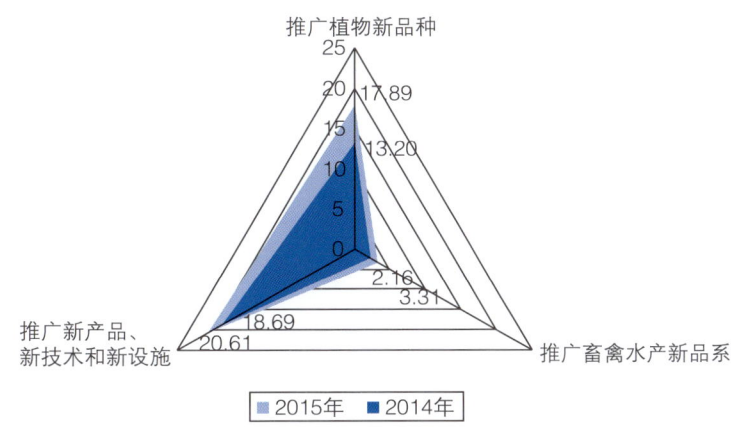

图3-28　2014年与2015年103家园区成果辐射能力对比（单位：个）

区域对比方面，东部园区在推广植物新品种、推广畜禽水产新品系和推广新产品、新技术和新设施3项指标均表现最佳，东部园区成果辐射能力整体领先于中部和西部园区，而中部园区的成果辐射能力好于西部园区和东北园区，如图3-29所示。

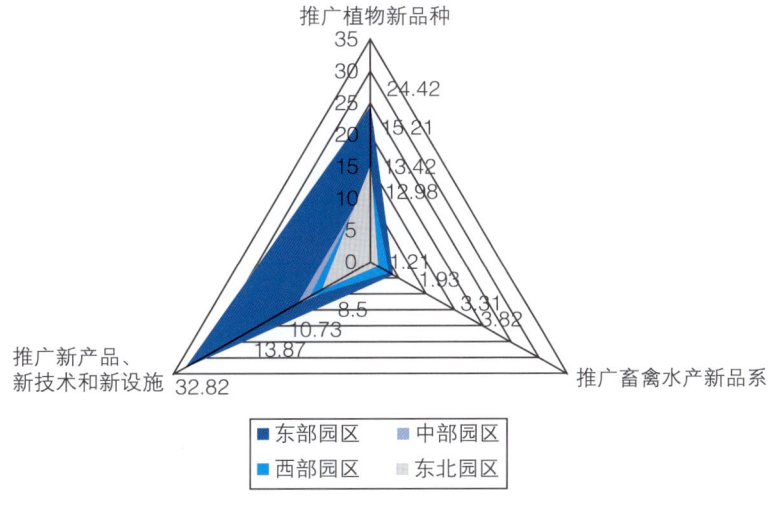

图3-29　2015园区成果辐射能力区域对比（单位：个）

成果的辐射推广方面，虽然保持了继续增长的良好态势，但仍然需要通过探索新的推广模式，以及途径，加大园区的辐射影响。包括探索农业专家大院、农科驿站平台建设的可行性和可操作性，以及打造"专家+企业+基地+农户"的成果转化和技术服务模式，从而不断提升园区对区域农业发展和农户增收致富的促进带动作用。

四、小结

创新水平是国家农业科技园区创新能力的科技原动力与外在表现。本章结合授权发明专利数、科技引进和科技推广3个方面的指标对157家园区的创新水平指数进行了核算，并得出如下结论：

（1）园区授权发明专利数略有增加，东部园区的授权发明专利数最多，由于2015年园区科技资源的转化效率提升和转化过程加速，园区每百名研发人员发明专利授权数和申请数均有所上升。东北园区每百名研发人员授权发明专利数最高。园区之间授权发明专利数的差异较大，有大学和科研机构支撑的园区在创新水平方面的表现明显出色。

（2）园区引进的植物新品种有所增加，东部园区引进植物新品种数较多。引进的畜禽水产新品系数量显著增加，西部园区引进最多且具有优势增长最为明显。引进的新技术、新产品和新设施的数量增长显著，东部园区引进的新技术、新产品和新设施具有优势。以科技引进为特征的园区集成创新能力不断增强，东部园区的表现最为出色，科技引进水平整体高于中、西部和东北园区。

（3）推广的植物新品种显著增加，东部园区推广的植物新品种方面优势明显。推广的畜禽水产新品系数量显著增加，但相对于推广的植物新品种仍然偏少，东部园区推广的畜禽水产新品系方面延续优势，西部园区较2014年出现大幅提升。推广的新技术、新产品和新设施数量有所增加，东部园区推广的新技术、新产品和新设施的数量最多，西部园区的增长幅度最为明显。成果辐射能力整体提升，东部园区成果辐射能力领先中部、西部和东北园区。

（4）园区在发明专利方面呈现"马太效应"现象，一方面，由于创新本身过程具有周期长、投入大的特征，尤其是自主创新能力的提升需要一定的时间；另一方面，部分园区缺乏自主创新的动力，仍然依靠传统的产品或业务增收，这需要加强对创新能力的监测和评价，并适时建立相应的退出机制（摘牌或资金及政策支持的回收）给予园区的创新产出以压力和动力，利用"倒逼"机制让园区从依靠"传统产业发展"向"创新引领发展"方式过渡。同时，需要通过探索新的推广模式和途径，加大园区的辐射影响，包括探索农业专家大院、农科驿站平台建设的可行性和可操作性，以及打造"专家+企业+基地+农户"的成果转化和技术服务模式，从而不断提升园区对区域农业发展和农户增收致富的促进带动作用。

国家农业科技园区创新能力评价报告2016—2017

国家农业科技园区 第四章

创新能力分项评价

——创新绩效评价

创新绩效反映了国家农业科技园区通过创新活动所取得的经济效益与社会效益，体现出国家农业科技园区建设以促进社会经济发展为根本。国家农业科技园区的建设，在推动区域创新和拉动经济发展等方面发挥着积极的作用。因此，在对国家农业科技园区数据统筹分析的基础上，正确认识和把握创新绩效，系统总结创新经验是非常有必要的。本章从经济收益、产业结构、企业培育、品牌建设、土地产出率与劳动生产率等方面对园区的创新绩效进行分析评价。

一、园区技术性收入占比依然偏低

本报告采用园区企业技术性收入与生产资料类产品销售收入占企业总产值比例测度园区产业带动能力；结合园区新吸纳就业人口数和带动当地农户人数两项数据，分析了东部、中部、西部和东北地区的园区产业带动效果。并对比同时参与2014年与2015年评价的园区数据，对东部、中部、西部和东北地区的园区进行了综合分析。

1.技术性收入与生产资料类产品销售收入占比总体偏低，园区产业带动能力有待提高

参与本次评价的157家园区，平均技术性收入占比为20.09%，平均生产资料类产品销售收入占比为13.47%。本次评价中，技术性收入与生产资料类产品销售收入占比总体偏低，在一定程度上说明多数园区以终端消费性农产品生产和销售为主。与2014年相比，技术性收入与生产资料类产品销售收入占比基本持平，产业带动能力仍需进一步提升。

157家园区企业技术性收入占总产值的比例平均值为20.09%,企业技术性收入占比前20位的园区如图4-1所示。

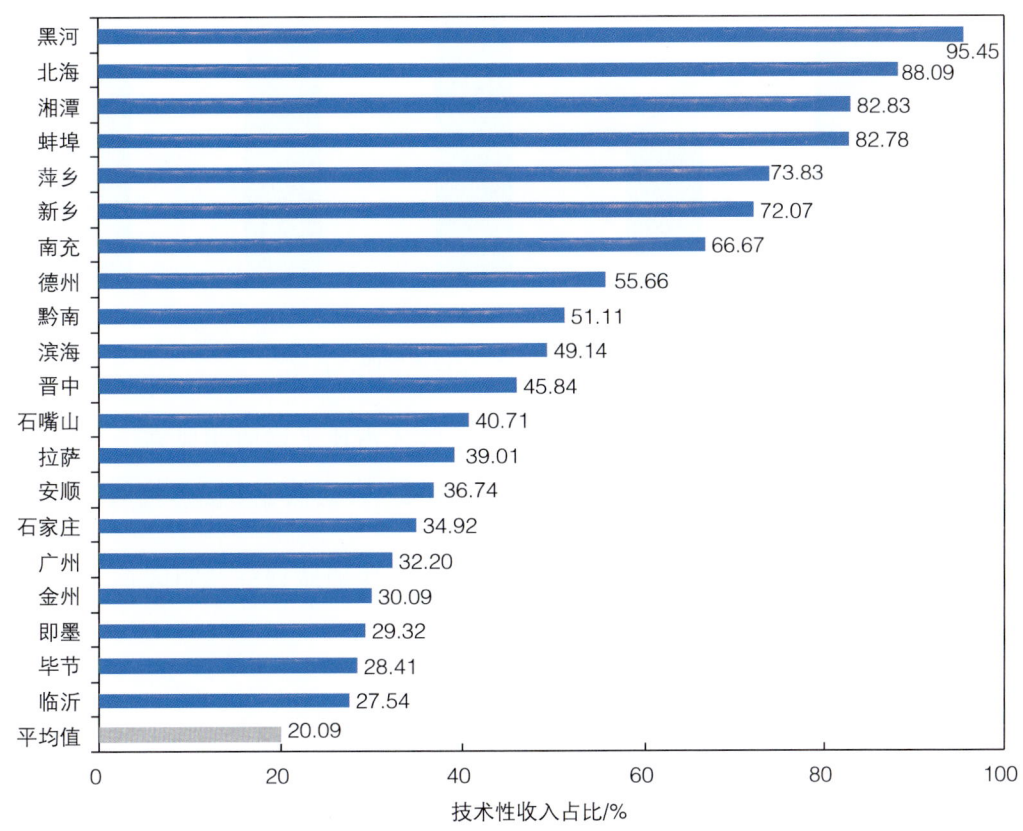

图4-1　2015年园区企业技术性收入占比前20位

由图4-1可以看出,前20位园区的企业技术性收入占比均超过平均值20.09%,这在一定程度上说明园区企业技术性收入指标数据差异相对较大,大部分企业技术性收入占比仍然偏低。其中,黑河和北海园区的企业技术性收入占比领先其他园区。

按地域划分,东部、中部、西部和东北地区的园区技术性收入占比如图4-2所示。

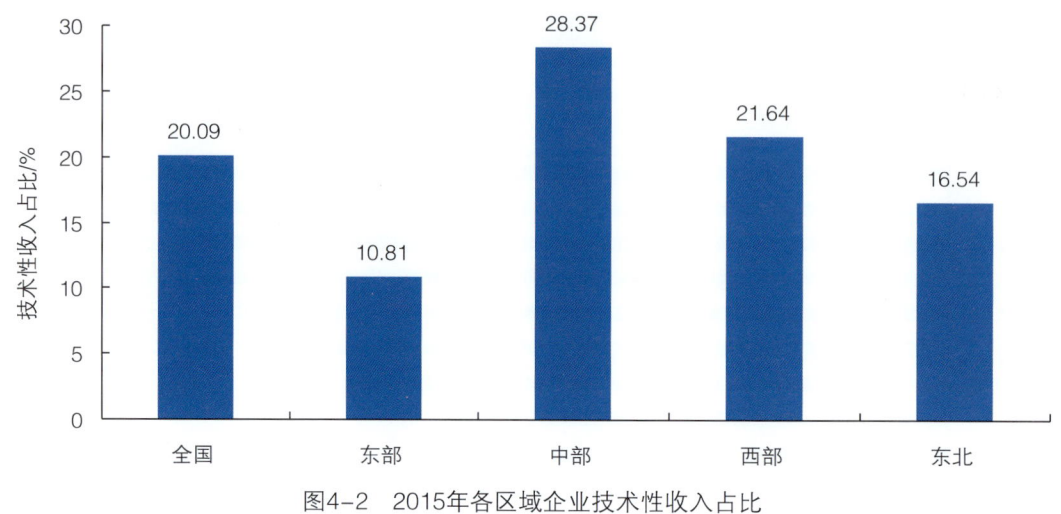

图4-2 2015年各区域企业技术性收入占比

由图4-2可以看出，中部和西部园区技术性收入占比平均值明显高于其他地区，分别为28.37%和21.64%，其他地区的园区技术性收入占比低于全国平均值。

同时参与2014年与2015年评价的103家园区中，按地域划分，园区企业技术性收入占比情况如表4-1所示。

表4-1 2014年和2015年103家园区企业技术性收入占比

单位：%

地区	2014年	2015年
全国	22.66	22.50
东部	8.83	9.07
中部	11.40	35.91
西部	46.15	25.17
东北	19.44	16.38

由表4-1可以看出，在园区企业技术性收入占比方面，2015年与2014年相比总体平均值基本持平。其中，中部园区有明显增长，东部园区基本保持不变，西部和东北园区有所下降（图4-3）。

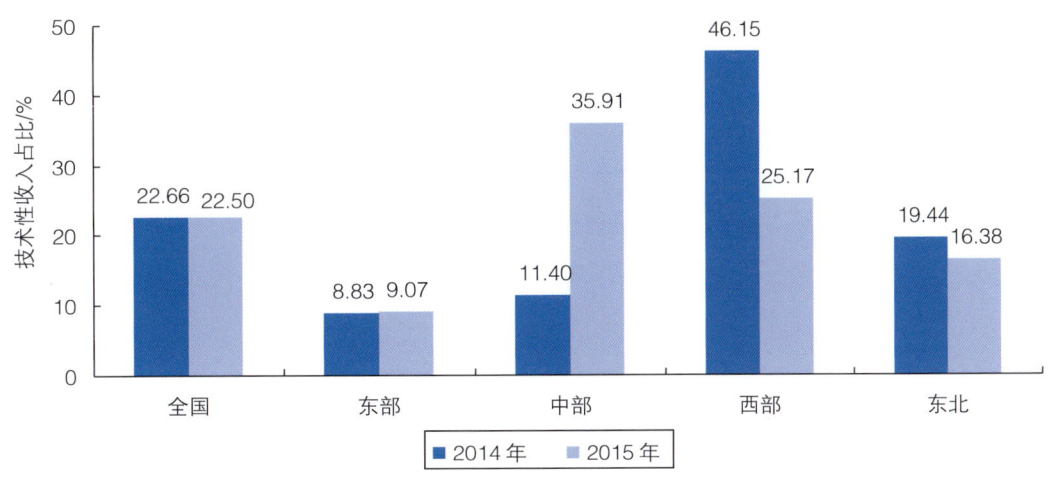

图4-3 2014年和2015年103家园区企业技术性收入占比

157家园区生产资料类产品销售收入占总产值比例平均值为13.47%。生产资料类产品销售收入占企业总产值比例前20名的园区如图4-4所示。

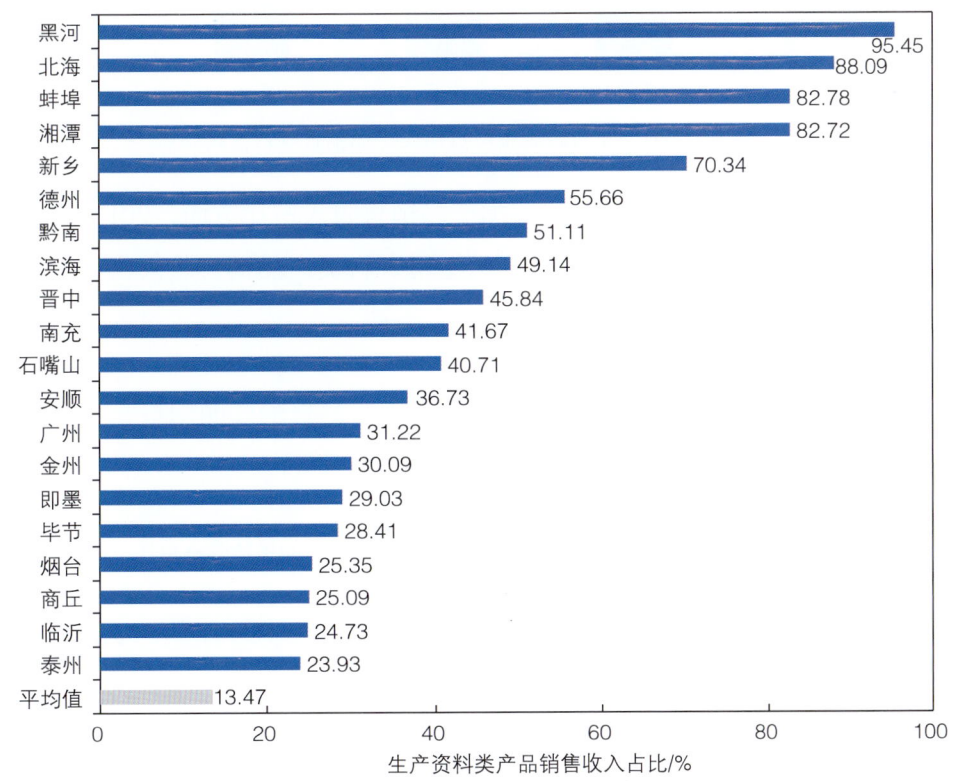

图4-4 2015年园区生产资料类产品销售收入占比前20位

由图4-4可以看出，排名前20位的园区生产资料类产品销售收入占比均超过平均值13.47%，生产资料类产品销售占比差异更加趋于集中。其中，黑河和北海园区的生产资料类产品销售收入占比领先其他园区。

157家园区按东部、中部、西部和东北地区进行地域划分，园区生产资料类产品销售收入占总产值比例平均值如图4-5所示。

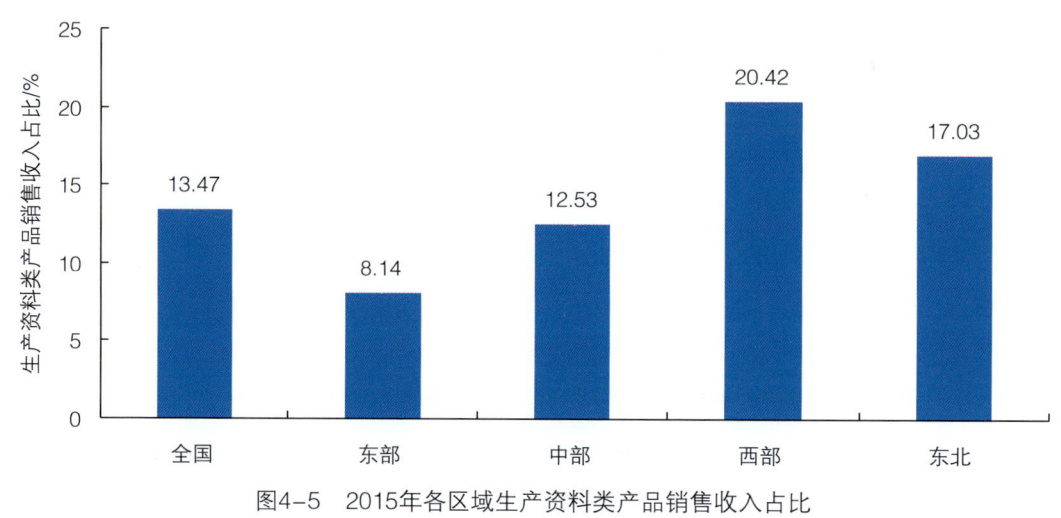

图4-5　2015年各区域生产资料类产品销售收入占比

由图4-5可以看出，在园区生产资料类产品销售收入占比方面，2015年157家园区平均值为13.47%，西部地区和东北地区园区生产资料类产品销售收入占比平均值明显高于其他地区，分别为20.42%和17.03%。

2014年与2015年的数据对比方面，园区企业生产资料类产品销售收入占比平均值如表4-2所示。

表4-2　2014年和2015年103家园区生产资料类产品销售收入占比

单位：%

地区	2014年	2015年
全国	18.18	13.96
东部	8.37	8.14
中部	9.40	12.53

续表

地区	2014年	2015年
西部	34.32	20.42
东北	17.52	17.03

由表4-2可以看出，在园区生产资料类产品销售收入占比方面，2015年与2014年相比总体平均值有所下降。其中，中部园区有明显上升，西部园区有明显下降，东部园区和东北园区基本保持不变（图4-6）。

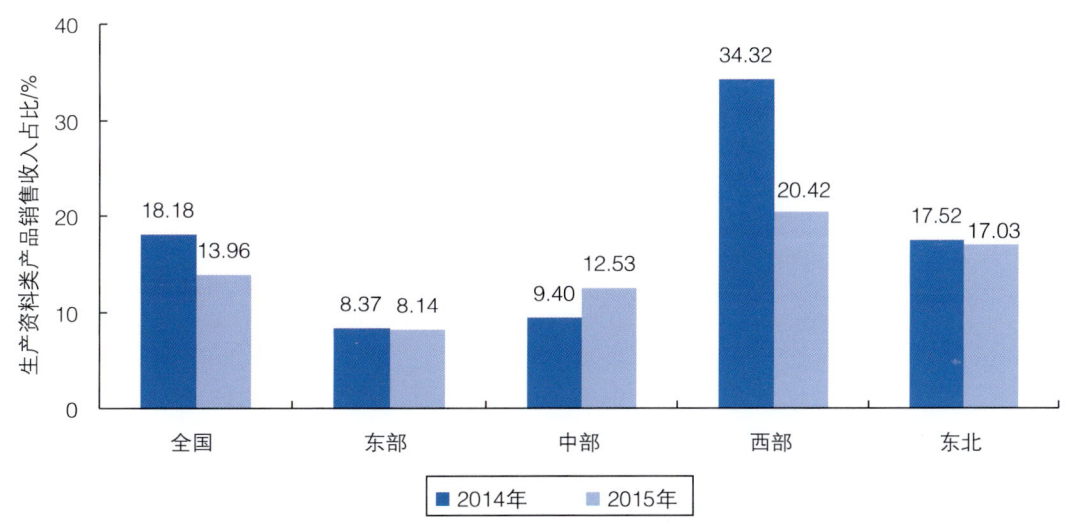

图4-6　2014年和2015年103家园区生产资料类产品销售收入占比

2.在新安置就业人数和带动当地农户人数方面，2015年比2014年有大幅提升，中部园区总体表现最好，产业带动效果强于其他地区

本次评价结合园区新吸纳就业人口数和带动当地农户人数两项数据，分析园区的产业带动效果。中部园区总体表现优于其他地区。

157家园区按东部、中部、西部和东北地区进行地域划分，园区新安置就业人口数平均值如图4-7所示。由图4-7可以看出，在新安置就业人口方面，中部园区明显领先其他地区。

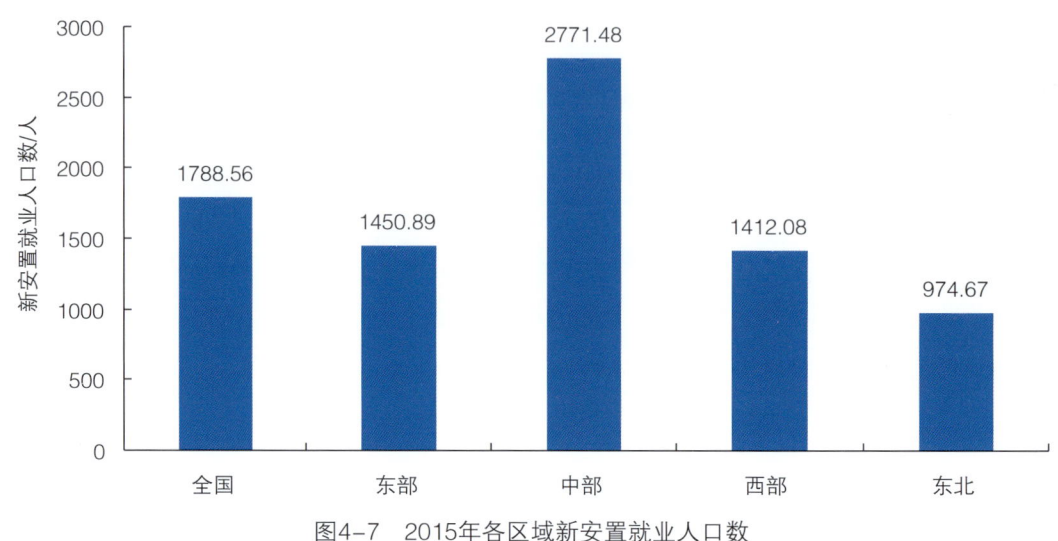

图4-7 2015年各区域新安置就业人口数

同时参与2014年与2015年评价的园区按地域划分,园区新安置就业人数情况如表4-3所示。

表4-3 2014年和2015年103家园区新安置就业人口数

单位:人

地区	2014年	2015年
全国	1416.97	1902.95
东部	1153.83	1173.59
中部	2057.19	3696.15
西部	1419.26	1535.26
东北	717.38	933.54

由表4-3可以看出,同时参与2014年与2015年评价的103家园区2014年新安置就业人口数总体平均值为1416.97人,2015年平均值为1902.95人。在新安置就业人口方面,2015年比2014年有明显提升。2015年中部园区平均值最高,为3696.15人,优于东部、西部和东北园区。东部园区平均值为1173.59人,高于东北园区平均水平933.54人,低于西部园区的平均水平(图4-8)。

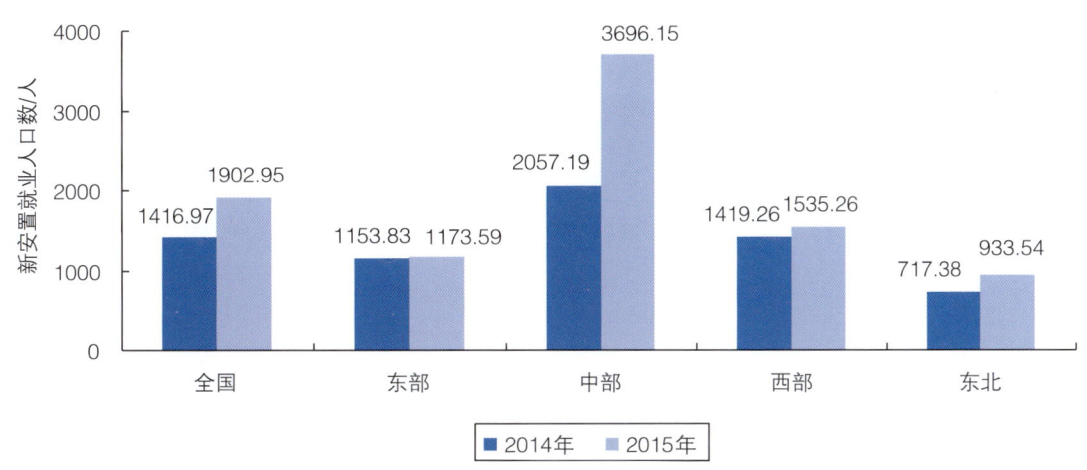

图4-8　2014年和2015年103家园区新安置就业人口数

157家园区按东部、中部、西部和东北地区进行地域划分，园区带动当地农户人数平均值如图4-9所示。由图4-9可以看出，在带动当地农户人数方面，中部和西部园区均高于其他园区。

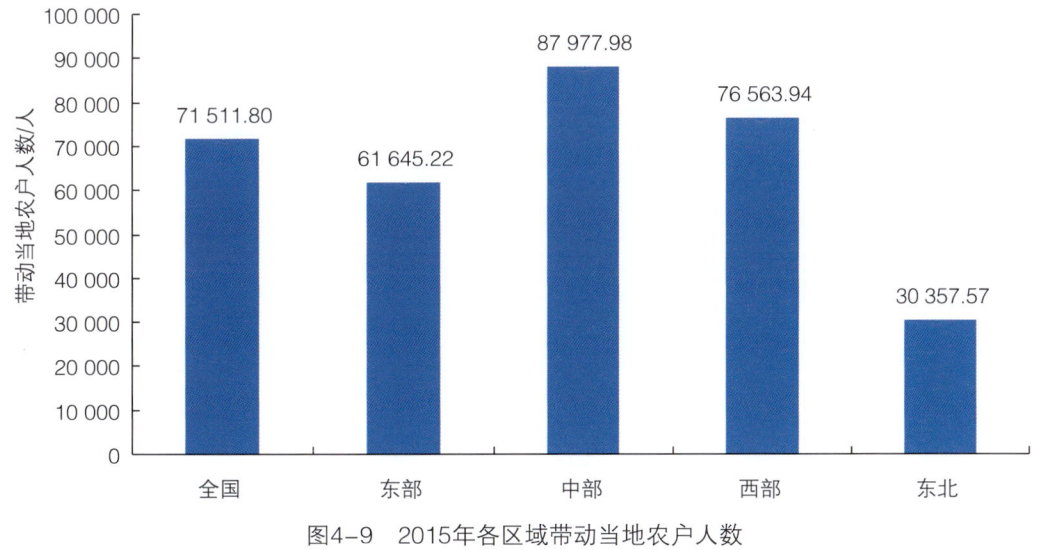

图4-9　2015年各区域带动当地农户人数

同时参与2014年与2015年评价的园区按地域划分，园区带动当地农户人数情况如表4-4所示。

表4-4　2014年和2015年103家园区带动当地农户人数

单位：人

地区	2014年	2015年
全国	55 403.82	76 164.18
东部	51 533.52	59 041.38
中部	75 712.27	82 512.38
西部	50 994.06	102 896.66
东北	32 147.25	29 692.77

由表4-4可以看出，2015年带动当地农户人数总体平均值为76 164.18人，相比2014年平均值55 403.82人有明显提升。2015年西部园区平均值最高，为102 896.66人，优于东部、中部和东北园区。东部园区平均值为59 041.38人，高于东北园区的平均水平29 692.77人，低于中部园区的平均水平82 512.38人（图4-10）。

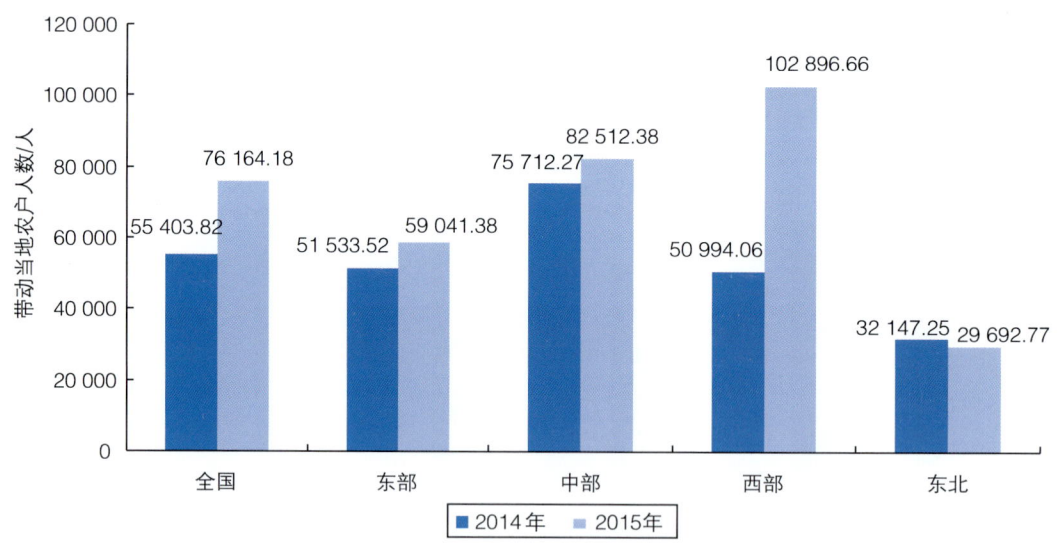

图4-10　2014年和2015年103家园区带动当地农户人数

3.园区带动效果呈现良好态势，园区产业带动能力仍需进一步提高，园区产业带动效果与产业带动能力不成正比

理论上，园区企业技术性收入及生产资料类产品销售收入占比越高，则园区产业带动能力越强，对产业链的增长加厚作用越明显。2015年157家园区平均技术性收入

占比为20.09%，平均生产资料类产品销售收入占比为13.47%，可见园区产业带动能力有待提高。2015年与2014年相比，在园区新安置就业人数和带动当地农户人数方面有大幅提升，园区带动效果呈现良好态势。从园区产业带动能力来看，西部和东北园区的生产资料类产品销售收入占比领先；但是从园区产业带动效果来看，中部园区的新安置就业人数和带动当地农户人数最多，远高于西部和东北地区，可见园区产业带动效果与产业带动能力不成正比。因此，园区在产业带动能力与产业带动效果两个方面需要进一步协调优化。

二、园区产业结构持续优化

本报告采用二三产业产值占总产值的比例来测度园区的产业结构及水平。参与本次评价的157家园区二三产业产值占比平均值为75.93%。2015年二三产业产值占总产值比例前20位的园区如图4-11所示。

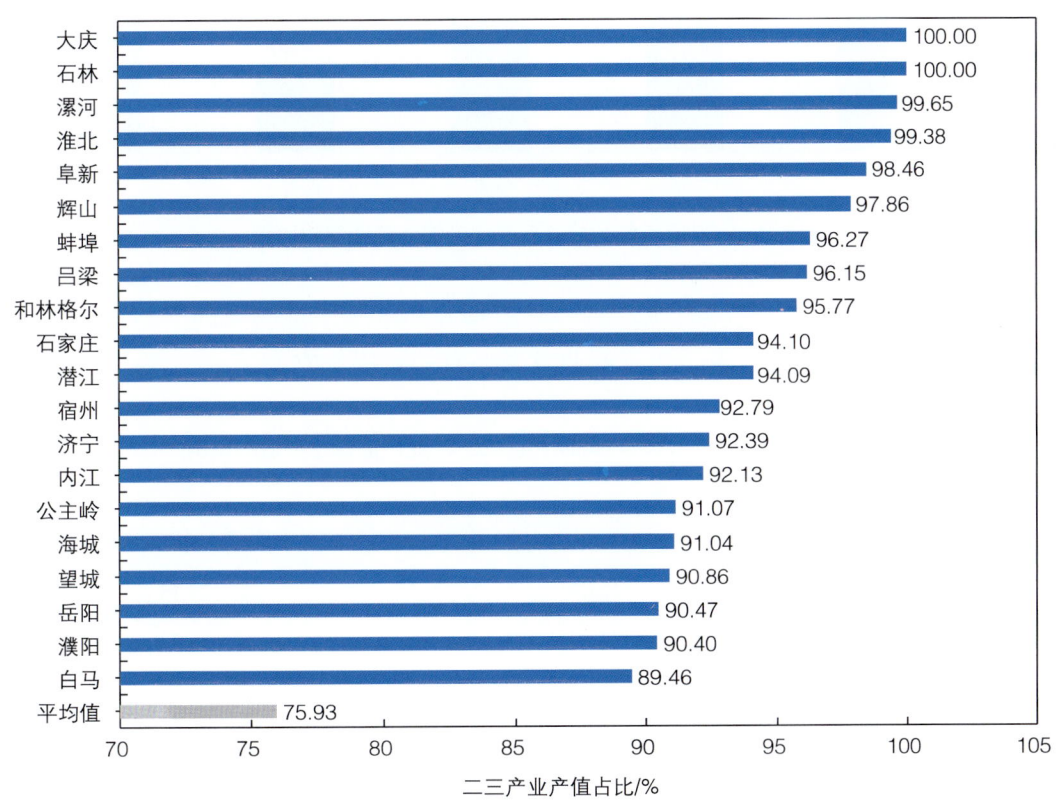

图4-11　2015年园区二三产业产值占总产值的比例前20位

由图4-11可以看出，排名前20位的园区二三产业产值占比均超过平均值75.93%，这在一定程度上说明园区二三产业产值指标数据差异相对较大。

157家园区按东部、中部、西部和东北地区进行地域划分，园区二三产业产值占总产值比例平均值如图4-12所示。

2014年与2015年的数据对比方面，园区二三产业产值占总产值比例情况如表4-5所示。

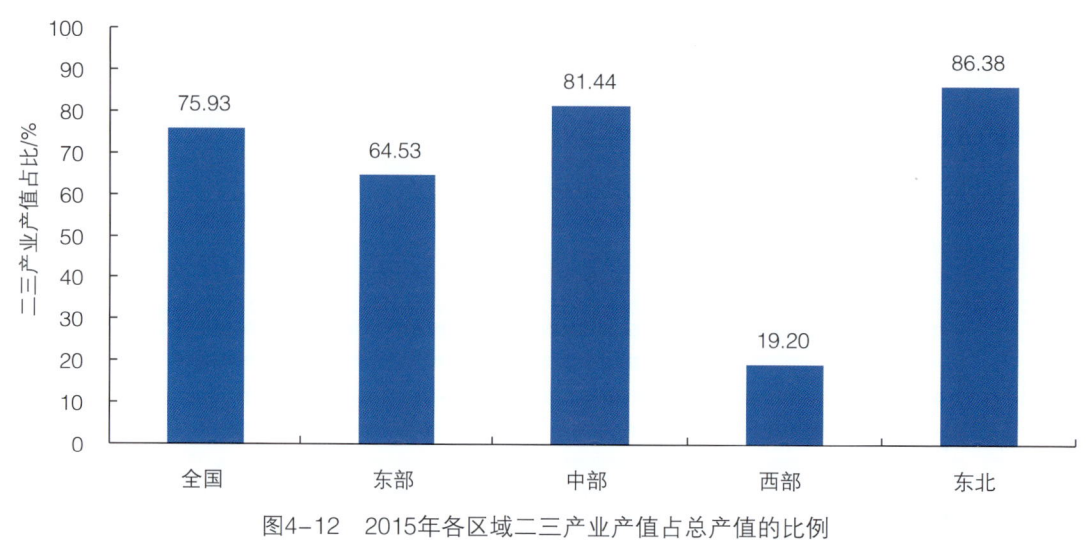

图4-12　2015年各区域二三产业产值占总产值的比例

由图4-12可以看出，二三产业产值占比方面，东北和中部园区高于其他园区，西部园区仍主要以第一产业为主，二三产业发展还有较大提升空间。

表4-5　2014年和2015年103家园区二三产业产值占总产值的比例

单位：%

地区	2014年	2015年
全国	77.07	75.15
东部	74.39	68.42
中部	74.04	80.69
西部	75.07	71.70
东北	87.43	85.49

2014年和2015年的数据对比显示，2015年全国103家园区二三产业产值占比平均值为75.15%，相对于2014年二三产业产值占比平均值77.07%基本持平。区域对比方面，2015年东部园区二三产业产值占比平均值为68.42%，低于其他3个地区，中部地区平均值为80.69%，高于西部园区的71.70%，但是略低于东北园区的85.49%。同时，2015年中部园区二三产业产值占比相对于2014年的74.04%略有提升。2015年与2014年相比，东部、西部和东北园区的二三产业产值占比均略有下降（图4-13）。

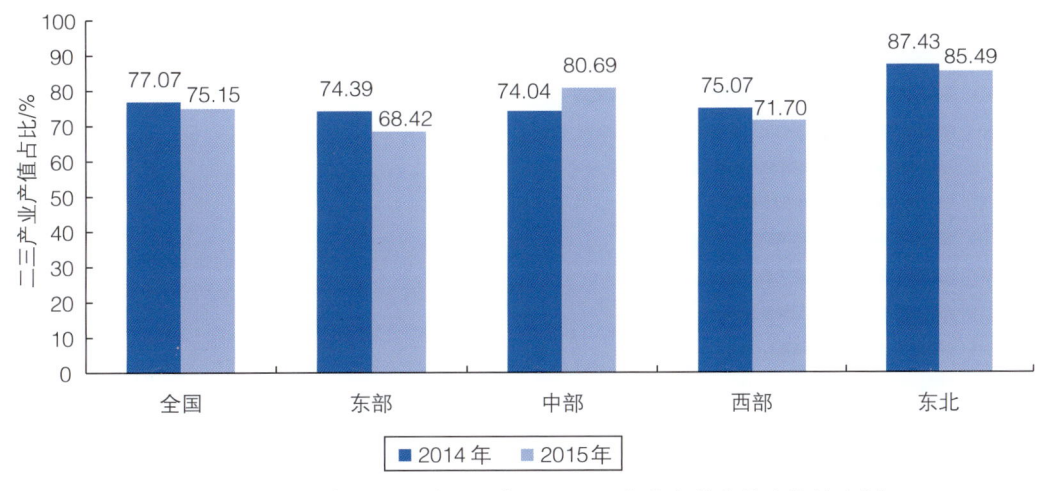

图4-13　2014年和2015年103家园区二三产业产值占总产值的比例

由上述分析可以看出，在二三产业产值占比方面，2015年总体平均值和2014年总体平均值基本持平。其中，中部园区有所提升，其他地区略有下降。在产业结构方面，还需进一步完善顶层设计和规划，加快推进一二三产业联动发展，打造农业科技园区建设新格局。

三、园区企业培育势头良好

在企业孵化方面，评价采用在孵企业数、毕业企业数和新增孵化企业数3个指标进行测度。企业培育总体发展较快，在孵企业数、毕业企业数和新增孵化企业数较2014年明显增加，一定程度上说明园区企业培育规模和培养能力有所增强。参与本次评价的157家园区平均在孵企业数为13.73个，平均毕业企业数为11.31个，平均新增孵化企业数为8.01个。

1.园区在孵企业总体发展良好，在孵企业数增幅明显，东部地区在孵企业平均数最高

在孵企业数方面，157家园区平均在孵企业数为13.73个，相比2014年的均值10.90个明显增加，在孵企业数前20位的园区如图4-14所示。

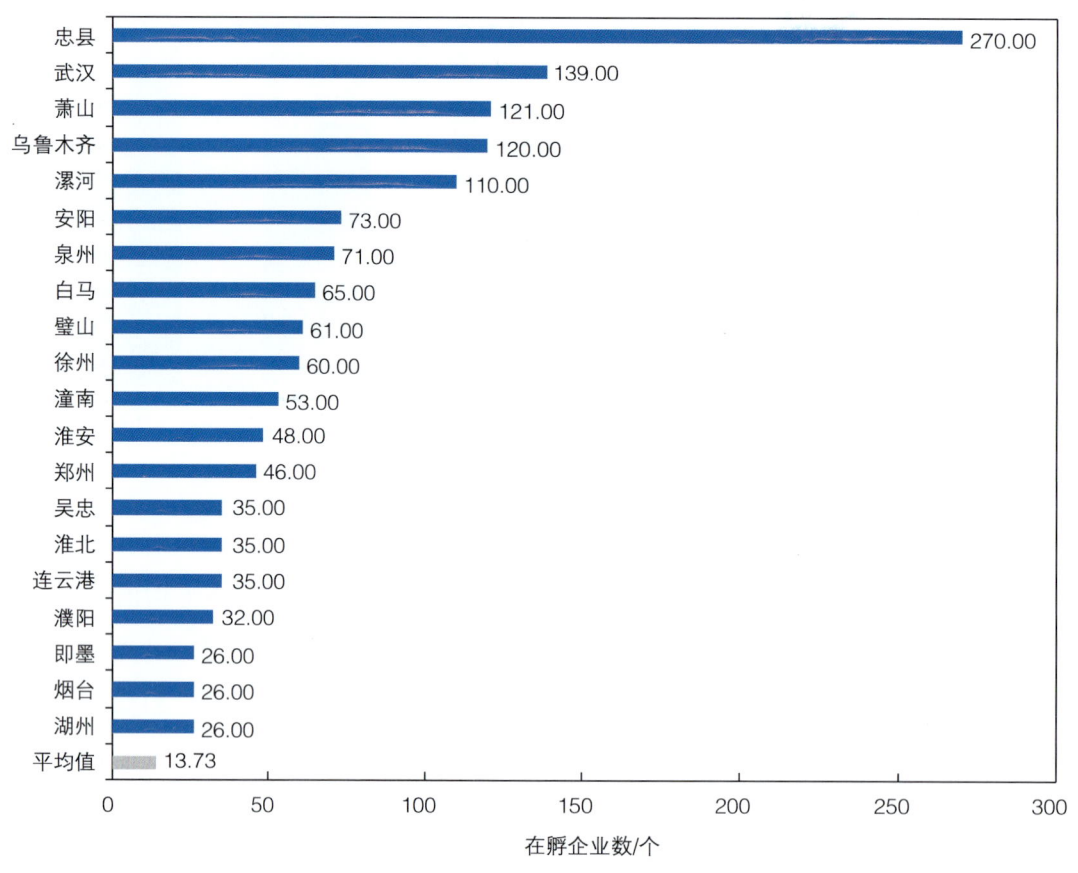

图4-14　2015年园区在孵企业数前20位

由图4-14可以看出，排名前20位的园区在孵企业数均超过平均值13.73个。其中，忠县园区为270个，远远高于其他园区。

157家园区按东部、中部、西部和东北地区进行地域划分，园区在孵企业数平均

值如图4-15所示。由图4-15可以看出,东部园区平均值略高于中部和西部园区,但东北园区远低于其他几个地区。

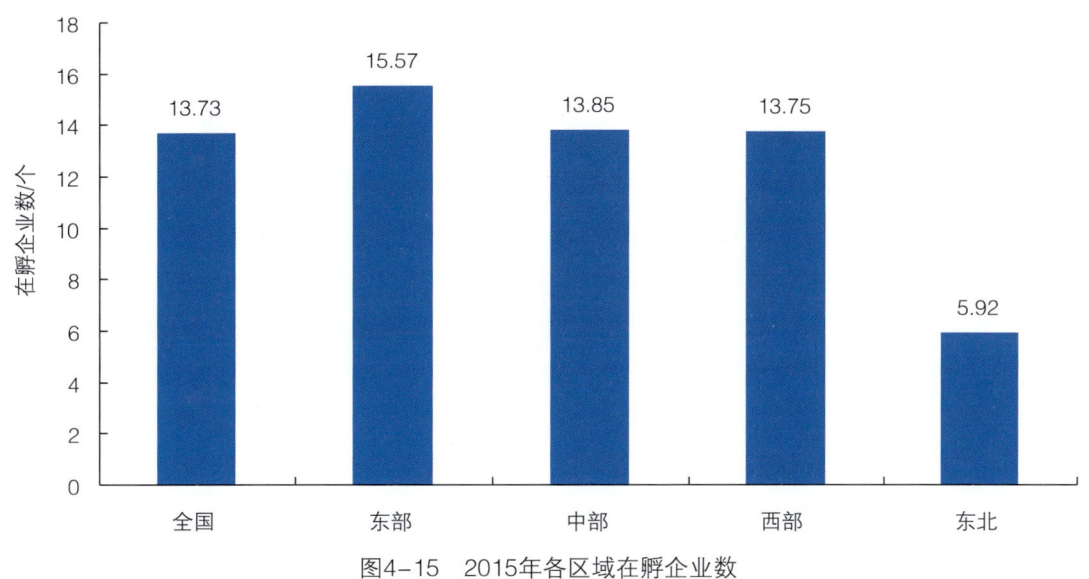

图4-15 2015年各区域在孵企业数

2014年与2015年的数据对比方面,园区在孵企业数平均值如表4-6所示。

表4-6 2014年和2015年103家园区在孵企业数

单位:个

地区	2014年	2015年
全国	10.90	13.42
东部	10.28	13.10
中部	8.54	11.58
西部	11.91	17.83
东北	5.23	5.92

2014年和2015年的数据对比显示,2015年103家园区在孵企业数平均值为13.42个,高于2014年在孵企业数平均值10.90个。区域对比方面,2015年西部园区在孵企业数平均值为17.83个,远高于其他3个地区,中部园区平均值为11.58个,高于东北园区的5.92个,但低于东部园区的13.10个。同时,2015年与2014年相比,东部、中

部和西部园区在孵企业数平均值明显提升，东北园区在孵企业数平均值与2014年基本持平（图4-16）。

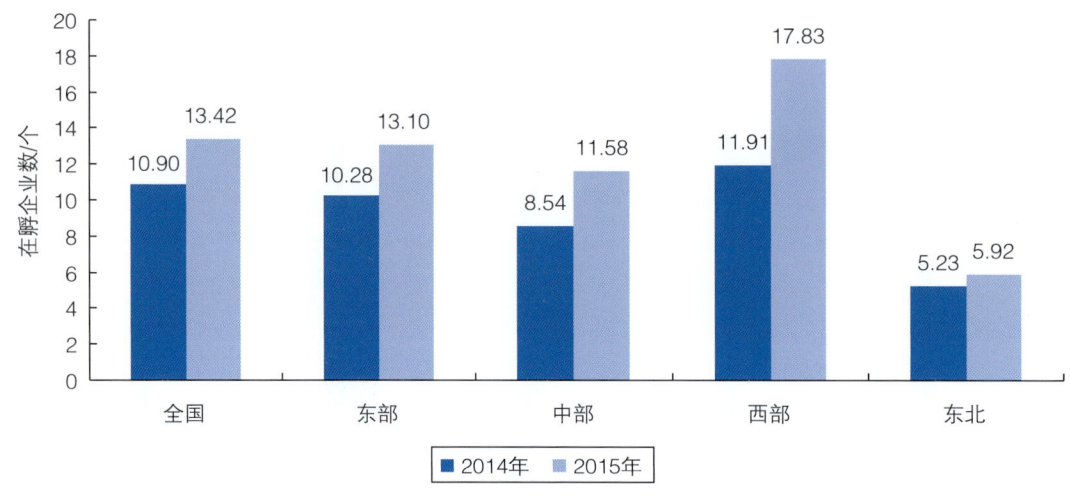

图4-16　2014年和2015年103家园区在孵企业数

2.园区毕业企业数总体明显增加，东北园区平均毕业企业最多

毕业企业数方面，157家园区中平均毕业企业数为11.31个，相比2014年的数据4.67个明显增加。毕业企业数前20位的园区如图4-17所示。

由图4-17可以看出，排名前20位的园区毕业企业数均超过平均值11.31个，这在一定程度上说明毕业企业数据相对分散。其中，武汉园区为154家，远远高于其他园区。

157家园区按东部、中部、西部和东北地区进行地域划分，园区毕业企业数平均值如图4-18所示。

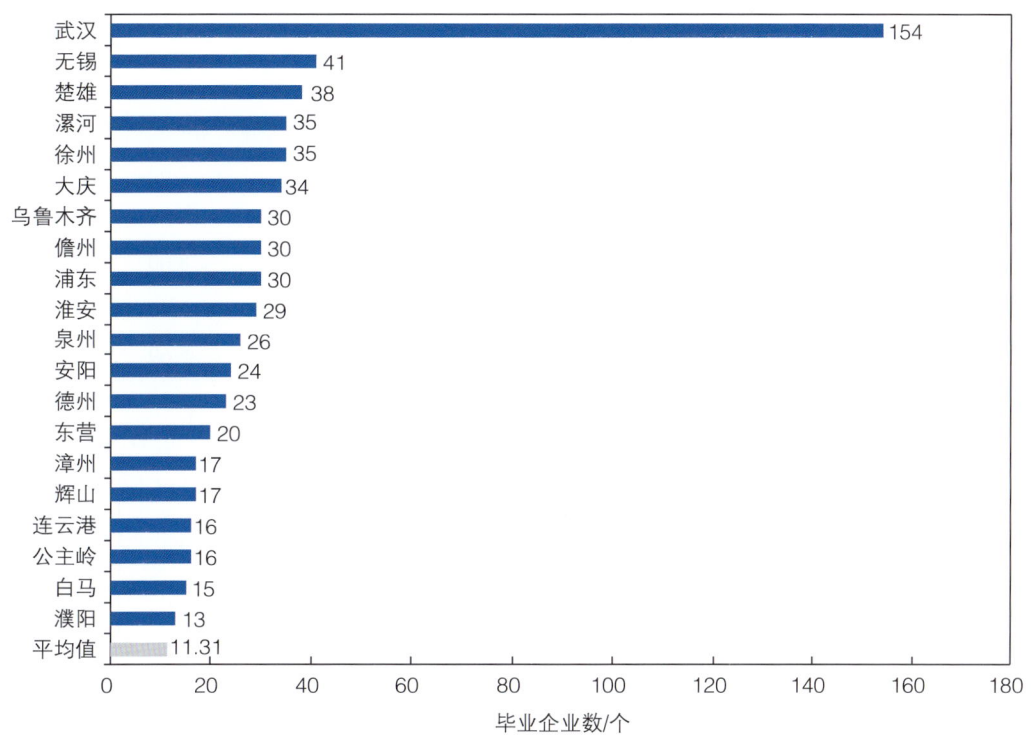

图4-17 2015年园区毕业企业数前20位

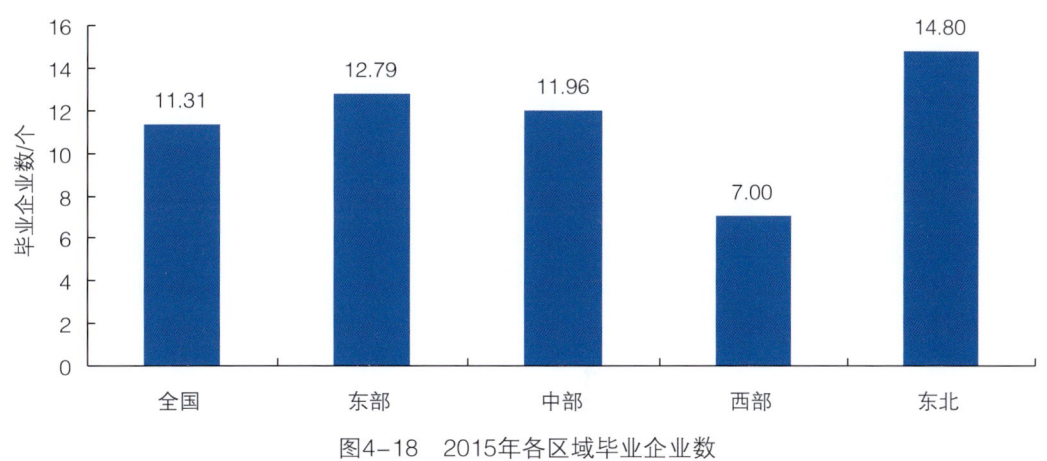

图4-18 2015年各区域毕业企业数

由图4-18可以看出,在园区毕业企业数方面,东北园区平均值高于其他地区。

同时参与2014年与2015年评价的园区按地域划分,园区毕业企业数平均值如表4-7所示。

表4-7　2014年和2015年103家园区毕业企业数

单位：个

地区	2014年	2015年
全国	4.60	5.83
东部	4.86	6.86
中部	7.73	8.00
西部	1.50	3.40
东北	5.85	5.69

2014年和2015年的数据对比显示，2015年全国103个园区毕业企业数平均值为5.83个，高于2014年毕业企业数平均值4.60个。区域对比方面，2015年中部园区毕业企业数平均值为8.00个，高于其他地区，东北园区平均值为5.69个，高于西部园区3.40个，但低于东部园区的6.86个。同时，2015年与2014年相比，东部和西部园区毕业企业数平均值有明显提升，中部和东北园区毕业企业数与2014年基本持平（图4-19）。

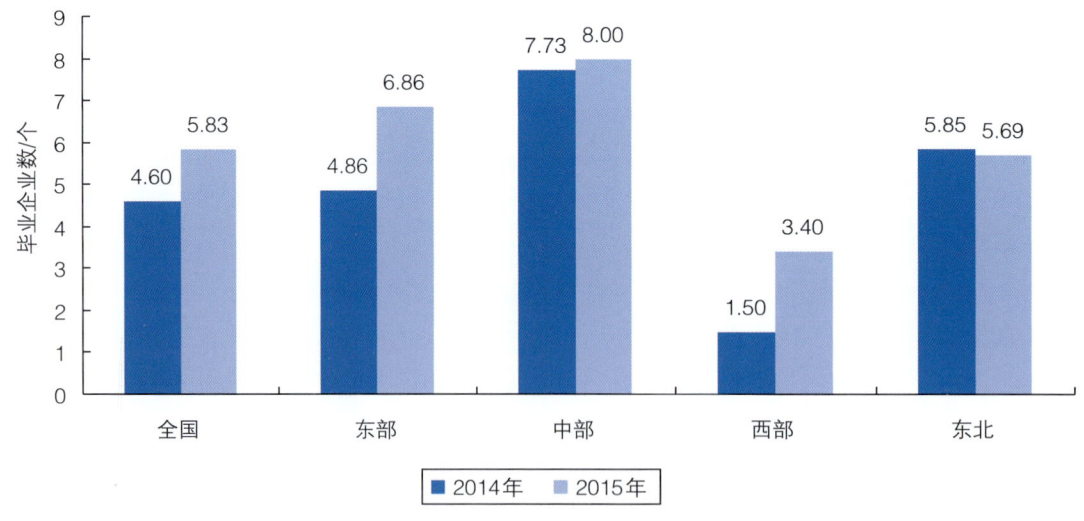

图4-19　2014年和2015年103家园区毕业企业数

3.园区新增孵化企业数保持增长态势，东部园区新增孵化企业平均数最多

新增孵化企业数方面，157家园区中平均新增孵化企业数为8.01个，与2014年平

均数3.24个相比，有明显提升。新增孵化企业数前20位的园区如图4-20所示。

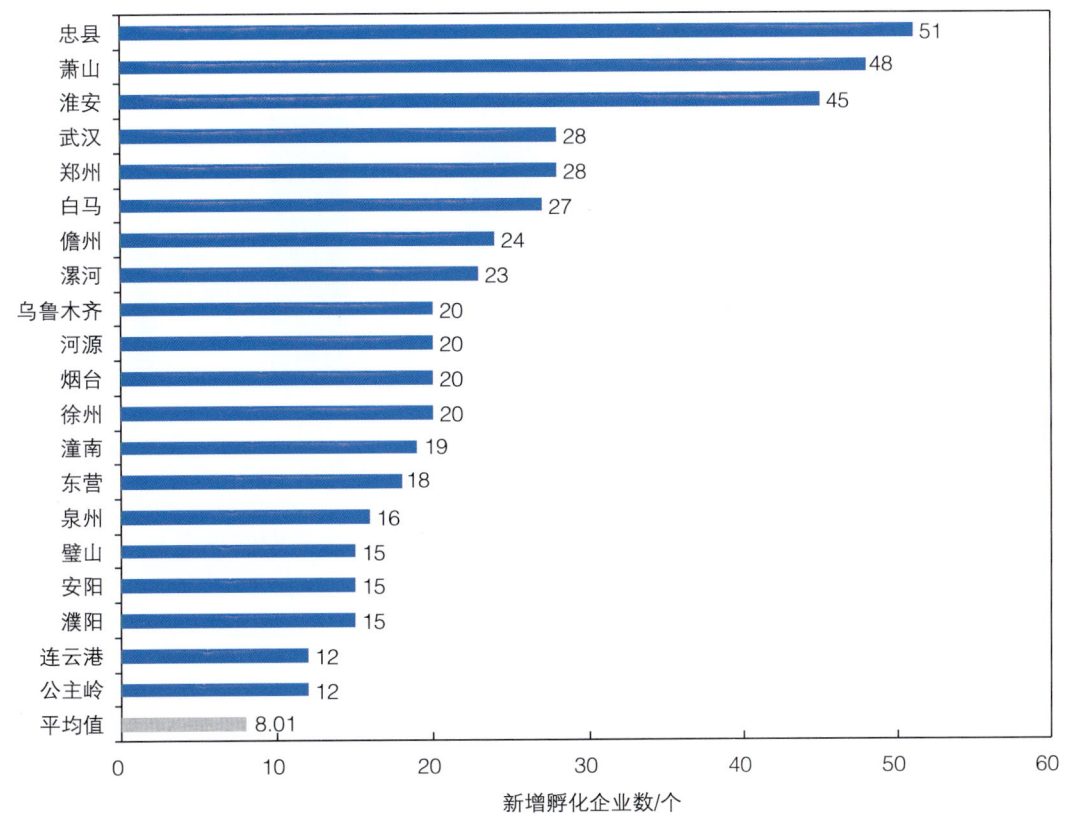

图4-20　2015年园区新增孵化企业数前20位

由图4-20可以看出，前20位的园区新增孵化企业数均超过平均值8.01个，这在一定程度上说明新增孵化企业数据相对分散。其中，忠县园区为51个，高于其他园区。

157家园区按东部、中部、西部和东北地区进行地域划分，园区新增孵化企业数平均值如图4-21所示。

由图4-21可以看出，在新增孵化企业数方面，东部园区平均值高于全国平均值，其他地区低于全国平均值。

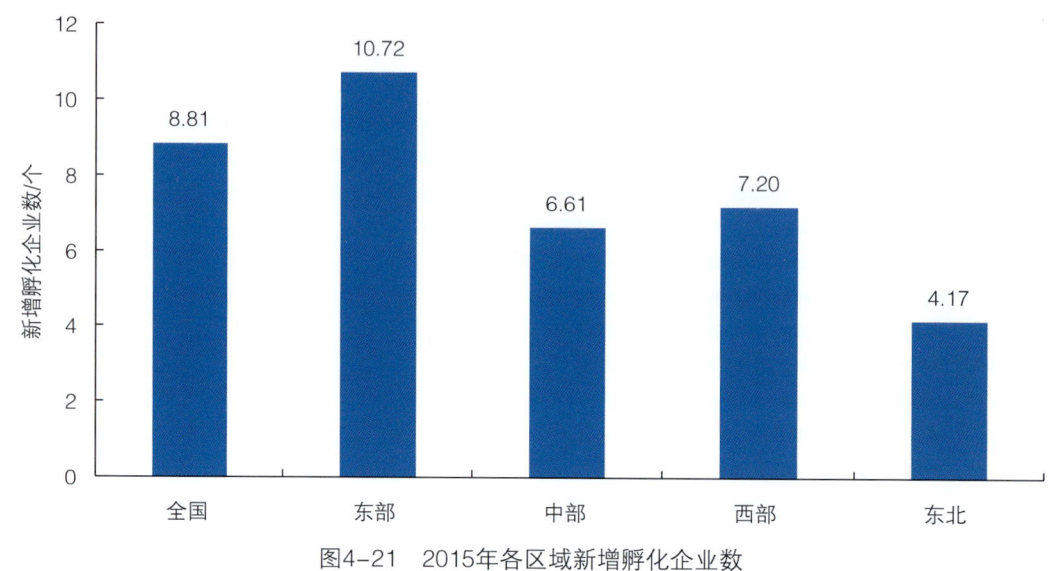

图4-21　2015年各区域新增孵化企业数

2014年与2015年的数据对比方面，园区新增孵化企业数平均值如表4-8所示。

表4-8　2014年和2015年103家园区新增孵化企业数

单位：个

地区	2014年	2015年
全国	3.33	4.01
东部	4.45	6.00
中部	3.27	3.58
西部	3.03	3.43
东北	1.77	2.00

2014年和2015年的数据对比显示，2015年全国103家园区新增孵化企业数平均值为4.01个，高于2014年新增孵化企业数平均值3.33个。区域对比方面，2015年东部园区新增孵化企业数平均为6.00个，远高于其他地区。西部园区新增孵化企业数平均为3.43个，高于东北园区2.00个，但低于中部园区的3.58个。同时，2015年与2014年相比，东部园区新增孵化企业数平均值有明显提升，中部、西部和东北园区新增孵化企业数平均值略高于2014年平均值（图4-22）。

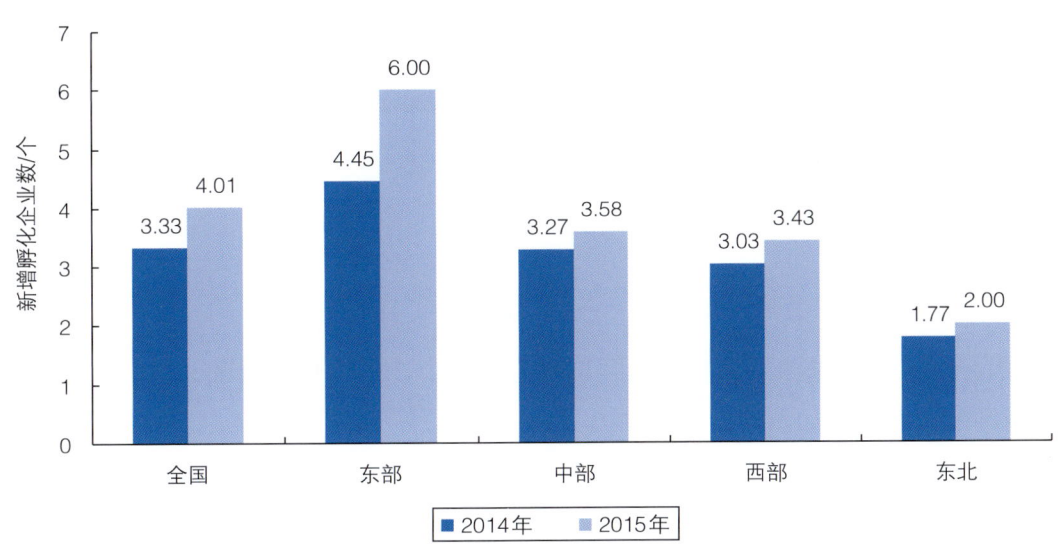

图4-22　2014年和2015年103家园区新增孵化企业数

4.园区企业培育情况总体表现良好，园区应更加重视企业培育和成长机制

2015年与2014年企业培育总体结构相似，在孵企业数较多，毕业企业数与新增在孵企业数较少。与2014年相比，2015年在孵企业数、毕业企业数与新增在孵企业数均有较大增长，整体优势明显改善，如图4-23所示。

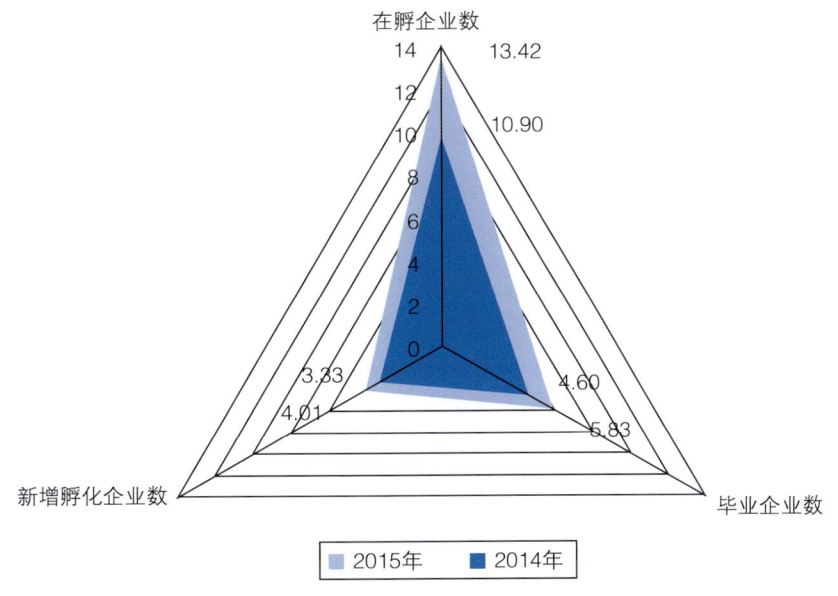

图4-23　2014年和2015年103家园区企业培育情况对比（单位：个）

四、园区品牌建设略有增强

在品牌建设方面,报告以园区拥有的品牌数量作为主要评价指标,同时,将园区拥有地理性标识产品作为辅助参考指标。品牌建设状况反映了园区将创新成果通过品牌运作转化为市场价值的情况。

1.园区拥有的品牌数略有增加,东部地区平均数最多

2015年全国157家园区拥有的品牌总数为3156个,平均每个园区20.10个。拥有品牌数量前20位的园区如图4-24所示。

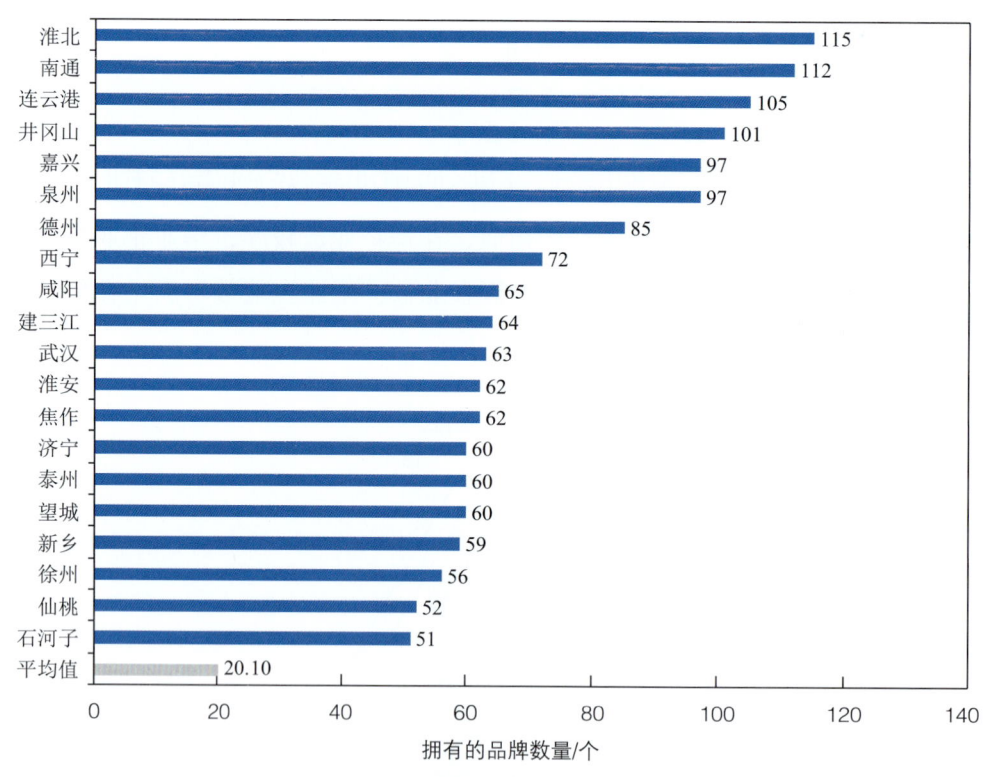

图4-24 2015年园区拥有品牌数量前20位

由图4-24可以看出,排名前20位的园区拥有的品牌数量均超过平均值22.38个,这在一定程度上说明园区拥有的品牌数量差异相对较大,而淮北和南通园区拥有的品牌数量领先其他园区。

157家园区按东部、中部、西部和东北地区进行地域划分,园区拥有品牌数量平

均值如图4-25所示。

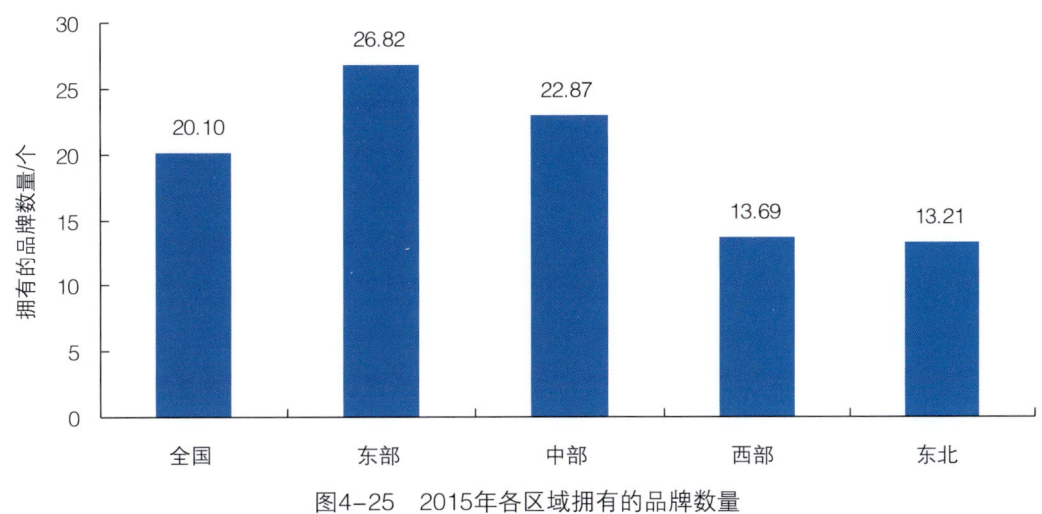

图4-25 2015年各区域拥有的品牌数量

由图4-25可以看出,东部和中部园区拥有的品牌数量平均值远超于其他地区。

同时参与2014年与2015年评价的园区按地域划分,园区拥有的品牌数量的情况如表4-9所示。

表4-9 2014年和2015年103家园区拥有的品牌数量

单位:个

地区	2014年	2015年
全国	16.38	18.01
东部	21.90	22.21
中部	19.88	24.62
西部	10.49	11.54
东北	12.92	12.85

2014年和2015年的数据对比显示,2015年全国103家园区拥有的品牌平均数为18.01个,相对于2014年的平均水平16.38个略有增加。区域对比方面,2015年中部和东部园区拥有的品牌数量平均分别为24.62个和22.21个,高于东北园区的12.85个和西部园区的11.54个。同时,2015年与2014年相比中部园区拥有的品牌数量有明显提

升。东部和西部园区拥有的品牌数量低于中部园区，但对比2014年东部和西部园区的平均水平均有所增加（图4-26）。

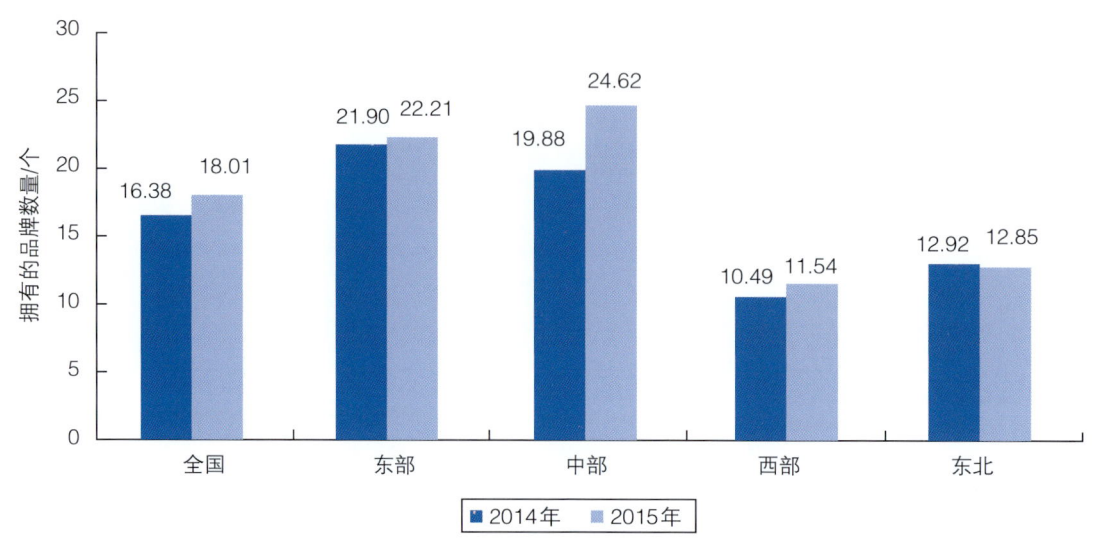

图4-26　2014年和2015年103家园区拥有的品牌数量

2.地理标识产品有所增加，已成为园区的建设亮点

地理标识产品是一个地区象征性的"名片"，对提升地区知名度、促进区域经济发展有着重要而深远的意义。除了加大品牌建设力度之外，2015年部分园区着力打造地理标识产品。通过实施地理标识产品保护和实施名牌战略、技术标准化战略有机结合起来，做到相互补充、相互促进，进而促进农业规范化、品牌化发展。2015年157家国家农业科技园区中有92家园区取得了地理标识产品，而玉溪、宿州和公主岭取得的地理标识产品数量均在20个左右，明显领跑其他园区，具体如图4-27所示。

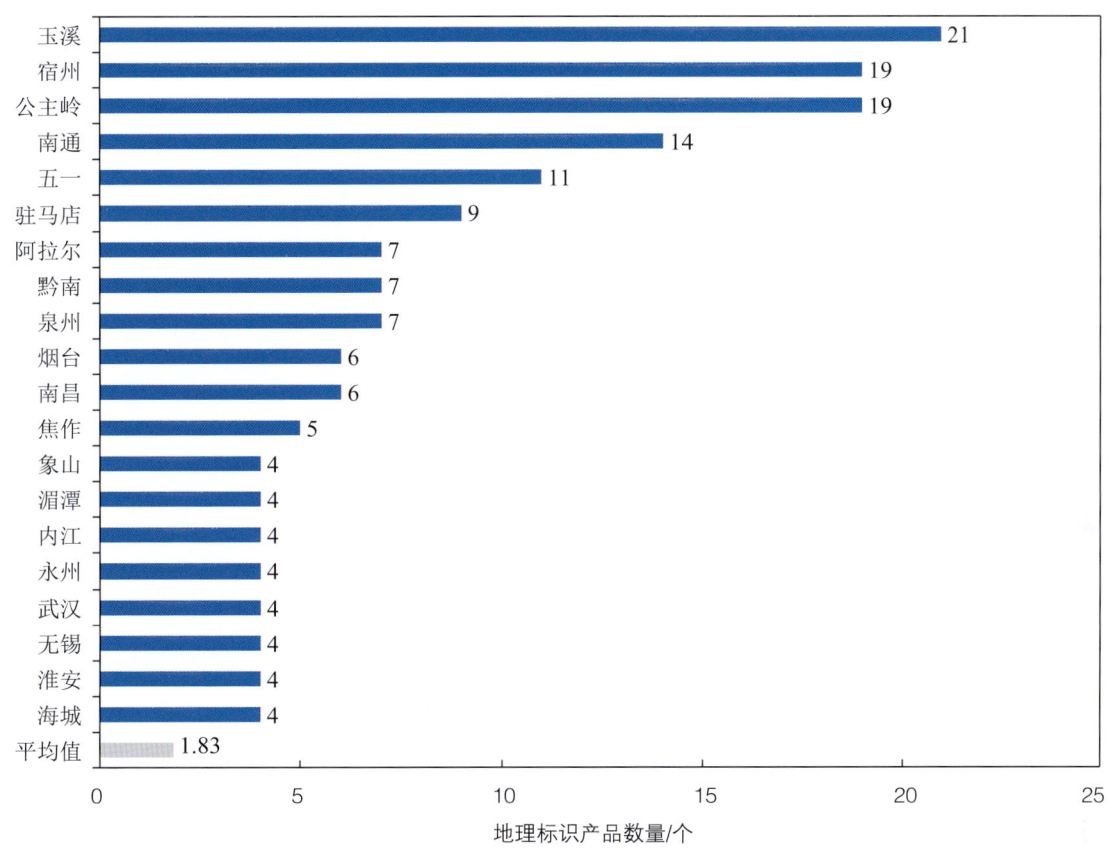

图4-27 2015年园区取得地理标识产品数量前20位

五、园区土地产出率与劳动生产率稳步提升

国家农业科技园区在现代服务业引领和推动现代农业发展方面起到了重要作用，而现代农业作为产业化经营的农业，土地产出率、劳动生产率是其极为重要的评价指标。

1.土地产出率总体稳步提升，中部园区领先

土地产出率方面，采用年度园区总产值与园区已建成面积的比值进行衡量，157家园区的平均土地产出率为9.49万元/公顷，与2014年土地产出率7.06万元/公顷相比有所上升。土地产出率前20位的园区如图4-28所示。

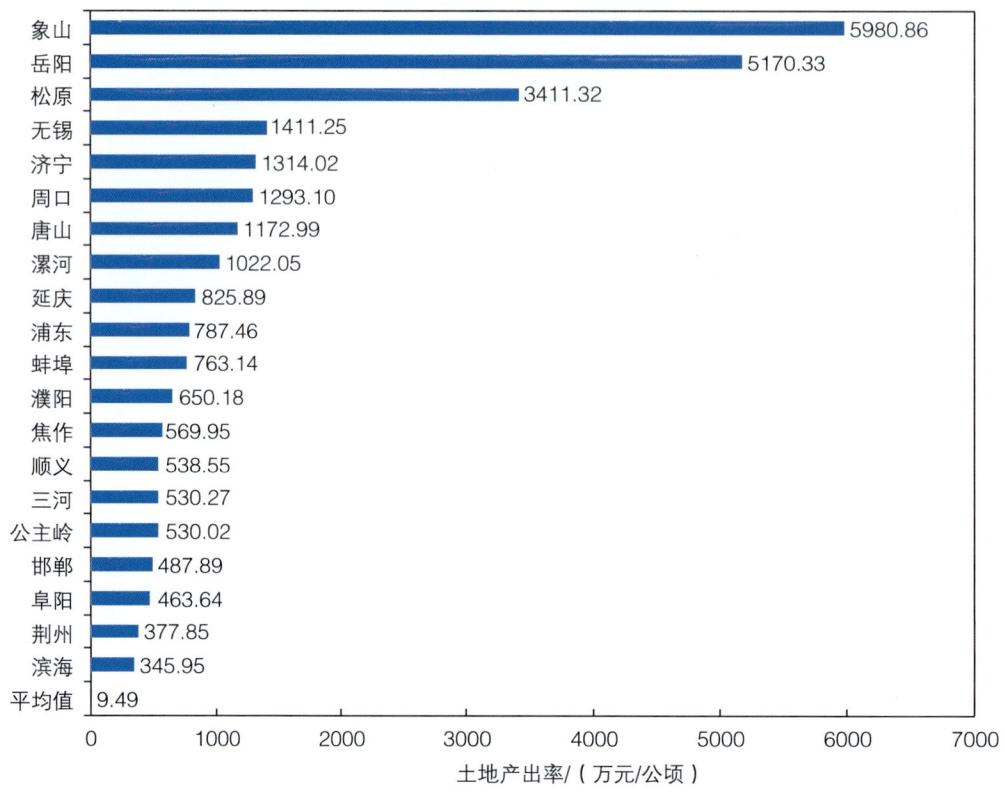

图4-28　2015年园区土地产出率前20位

图4-28可以看出，前20位的园区土地产出率均超过平均值9.49万元/公顷，这在一定程度上说明土地产出率数据相对分散。其中，象山和岳阳园区分别为5980.86万元/公顷和5170.33万元/公顷，远远高于其他园区。

157家园区按东部、中部、西部和东北地区进行地域划分，园区土地产出率平均值如图4-29所示。

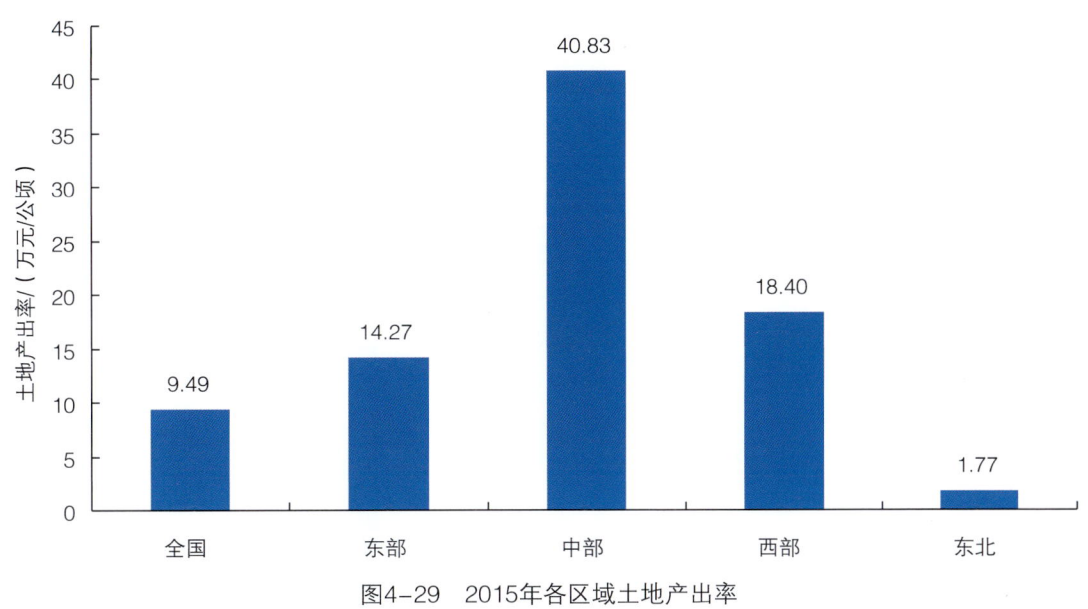

图4-29　2015年各区域土地产出率

由图4-29可以看出，中部园区的土地产出率平均值远高于其他地区。

2014年与2015年的数据对比方面，园区土地产出率平均值如表4-10所示。

表4-10　2014年和2015年103家园区土地产出率

单位：万元/公顷

地区	2014年	2015年
全国	6.80	7.85
东部	17.96	24.40
中部	26.99	33.12
西部	18.78	19.12
东北	1.86	1.62

2014年和2015年的数据对比显示，2015年全国103家园区土地产出率平均值为7.85万元/公顷，与2014年的平均值6.80万元/公顷基本持平。区域对比方面，2015年中部园区土地产出率平均为33.12万元/公顷，远高于其他3个地区。西部园区平均值为19.12万元/公顷，高于东北园区的1.62万元/公顷，但低于东部园区的24.40万元/公顷。同时，2015年东部和中部园区土地产出率平均值高于2014年，西部和东北园区土地产

出率平均值与2014年基本持平（图4-30）。

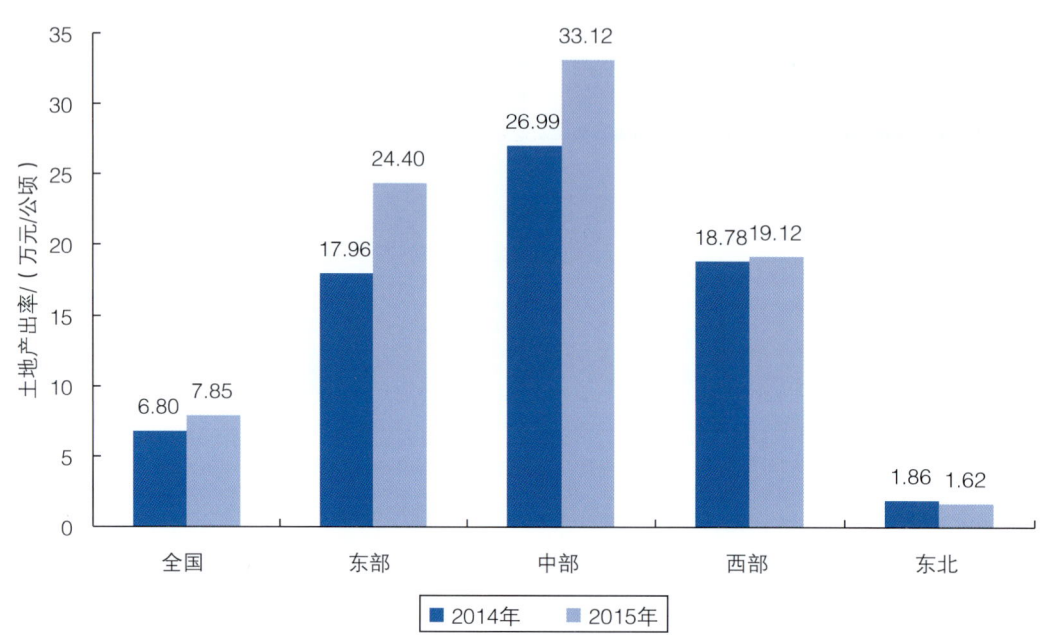

图4-30　2014年和2015年103家园区土地产出率

2.园区的劳动生产率总体略有提升，东北园区平均值高于其他地区

园区劳动生产率采用年度园区产值增加值与园区产值从业人员数的比值进行衡量，157家园区的平均劳动生产率为13.27万元/人，与2014年平均劳动生产率13.19万元/人相比有明显提升。劳动生产率前20位的园区如图4-31所示。

由图4-31可以看出，前20位的园区劳动生产率均超过平均值13.27万元/人，这在一定程度上说明劳动生产率数据相对分散。其中，顺义园区为95.92万元/人，高于其他园区。

157家园区按东部、中部、西部和东北地区进行地域划分，园区劳动生产率平均值如图4-32所示，由图4-32可以看出，东北园区的劳动生产率平均值明显高于其他园区。

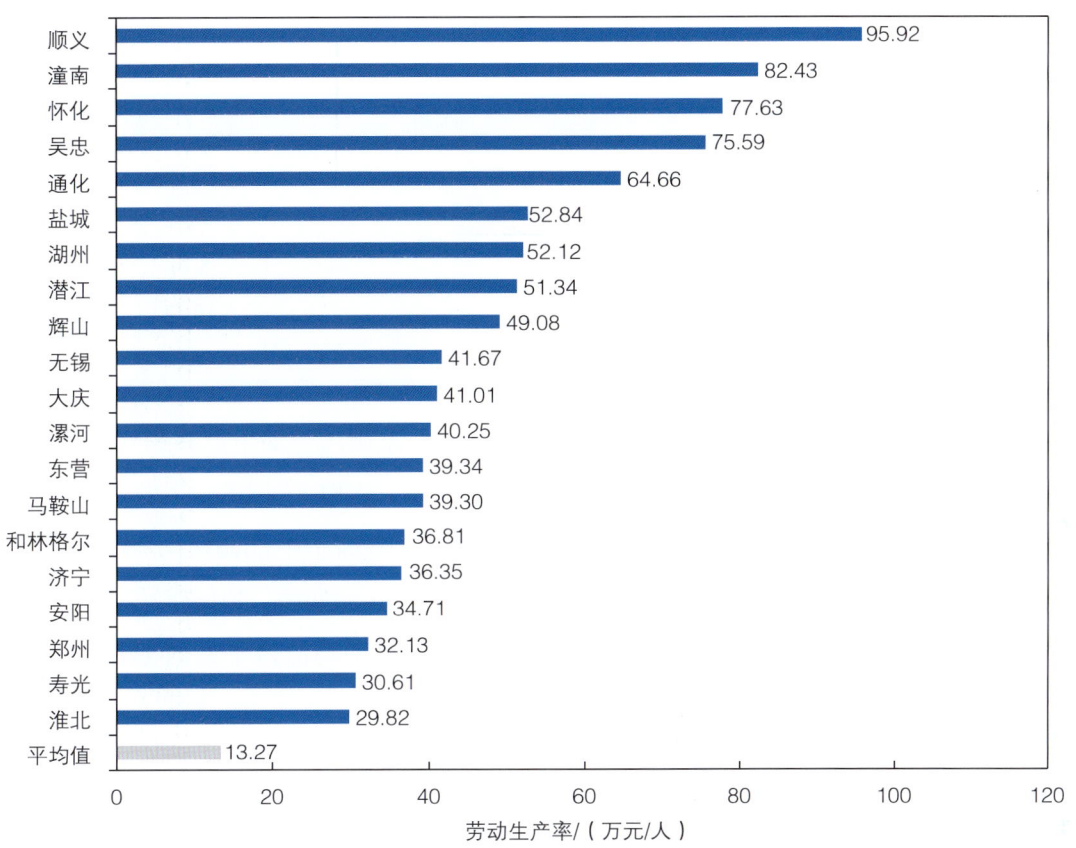

图4-31　2015年园区劳动生产率前20位

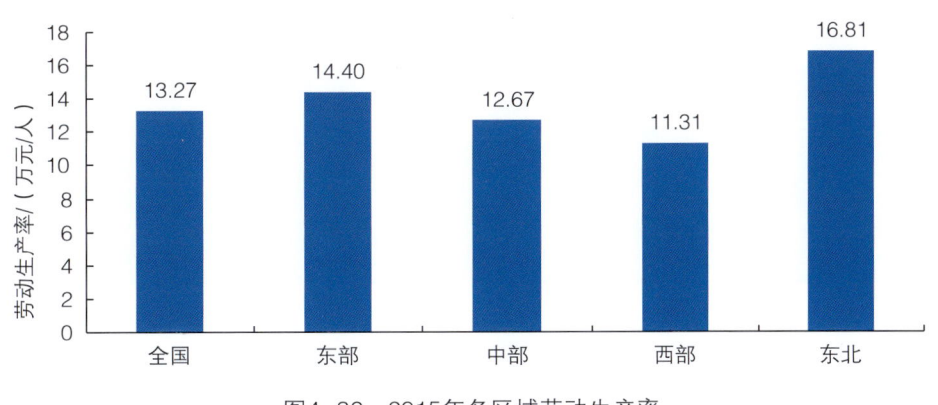

图4-32　2015年各区域劳动生产率

2014年与2015年的数据对比方面，园区劳动生产率情况如表4-11所示。

表4-11 2014年和2015年103家园区劳动生产率

单位：万元/人

地区	2014年	2015年
全国	13.33	12.87
东部	16.88	17.42
中部	8.64	8.34
西部	14.15	10.24
东北	21.12	17.78

2014年和2015年的数据对比显示，2015年全国103家园区劳动生产率平均值为12.87万元/人，相比2014年的劳动生产率平均值13.33万元/人略有下降。区域对比方面，2015年西部园区劳动生产率平均值为10.24万元/人，略高于中部园区8.34万元/人，但低于东北和东部园区的17.78万元/人和17.42万元/人。同时，2015年东部园区劳动生产率平均值略高于2014年平均值，中部园区与2014年平均值持平，西部和东北园区低于2014年平均值（图4-33）。

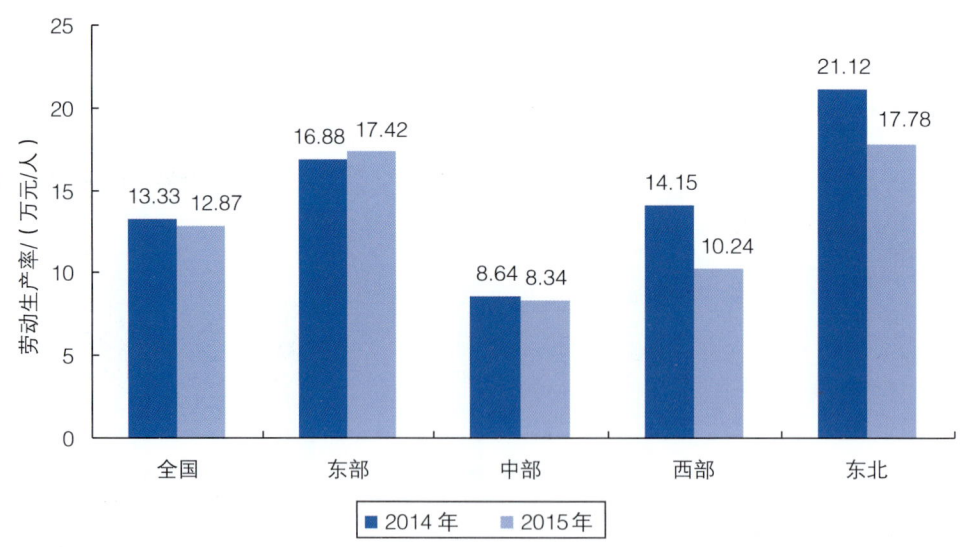

图4-33 2014年和2015年103家园区劳动生产率

六、小结

创新绩效体现了国家农业科技园区创新能力的经济效益与社会效益。本章结合园区企业技术性收入占企业总产值比例、产业结构、土地产出率、年度新增孵化企业数、品牌建设、土地产出率、劳动生产率等指标对157家园区的创新绩效指数进行了核算，并与2014年103家共同园区数据进行对比，得出如下结论：

（1）多数园区的消费性农产品生产有较大发展，园区带动效果呈现良好态势，园区产业带动能力有待进一步提高。

（2）从产业结构上看，园区总产值发展很快，二三产业的产值总体比重与2014年基本持平。在产业结构方面，还需进一步完善顶层设计规划，加快推进一二三产业联动发展。

（3）作为农业产业孵化器，园区企业培育成果增加，孵化作用有明显加强。

（4）园区拥有的品牌数量继续增加，品牌化运作有所加深，地理标识产品成为新亮点。

（5）园区土地产出率、劳动生产率均有所增长，产业化经营不断深化。

国家农业科技园区创新能力评价报告2016—2017

附 录

一、国家农业科技园区创新能力评价指标体系

从创新主体的角度，国家农业科技园区的创新能力既涉及区域创新能力，也涉及企业创新能力；从创新链条的角度，国家农业科技园区的创新能力既包括产业链创新，也包括价值链创新。其中，区域创新能力评价基本可从知识创造、知识流动、企业创新、创新环境、创新绩效5个方面着手。企业创新能力可根据国家统计局发布的《中国企业自主创新能力分析报告》，从潜在技术创新资源指标、技术创新活动评价指标、技术创新产出能力指标和技术创新环境指标4个方面入手。产业链创新水平评价可以从影响产业链创新的农业基础、市场、生产要素、企业及政策等因素入手。价值链创新评价可以从创新来源、原创构想、技术设计、实验原型、技术孵化、技术商品、标准产品到市场开发8类功能节点入手，并重点考虑科研机构、中介机构、推广机构等科技价值链系统中的关键成员及金融机构的参与。

在综合学界研究成果和调研园区实际状况的基础上，经过多轮调研、访谈，本报告从创新支撑、创新水平、创新绩效3方面形成了针对农业科技园区创新能力的评价指标体系（附表1），并采用等权重方法确定了指标权重。

附表1　农业科技园区评价指标体系

一级指标	二级指标	指标解释	采集数据
I_1　创新支撑	I_{11}　创新人才数	既包括科技特派员（含个人科技特派员与法人科技特派员），也包括研究与试验发展（R&D）人员	园区个人科技特派员数量、园区法人科技特派员数量、园区研究与试验发展（R&D）人员数
	I_{12}　园区企业R&D总投入占主营业务收入比例	该比例是衡量农业科技园区在创新过程中财力支撑持续性的重要指标	园区企业R&D总投入占主营业务收入比例
	I_{13}　园区单位土地面积投融资强度	该指标能够衡量农业科技园区在创新过程中得到的财力支撑水平	园区单位土地面积投融资强度
	I_{14}　大型仪器设备原值总额	大型仪器设备指购买时市场价值在10万元以上的仪器设备	大型仪器设备原值总额
	I_{15}　园区省部级以上研发中心数量占园区研发中心总数比例	该比例是对园区创新支撑平台条件的重要衡量指标	园区省部级以上研发中心数量占园区研发中心总数比例
	I_{16}　园区信息化水平	对园区信息化投入、基础设施、电子商务情况等各指标进行考核	园区信息化建设情况
	I_{17}　地方政府支持力度	主要考察年度园区所在地方政府对园区的政策支撑及专项资金支持情况	园区所在地方政府在人才、土地、税收等方面的支持
I_2　创新水平	I_{21}　授权发明专利数	本指标是园区企业得到授权的发明专利数与园区自身得到授权的发明专利数之和	园区授权发明专利数
	I_{22}　通过省级以上审定的新品种（系）数	统计园区内企业及园区自身培育的、通过省级以上审定的植物新品种数量	园区通过省级以上审定的植物新品种数
		统计园内企业及园区自身培育的、通过省级以上审定的畜禽水产新品种配套系数量	园区通过省级以上审定的畜禽水产新品种配套系数
	I_{23}　科技推广能力	指年度园区内企业及园区自身引进（育）并示范推广的、通过省级以上审定的植物新品种、畜禽水产新品种配套系总数；研发、引进并示范推广的新技术、新产品、新设施数量	推广新品种数、推广新品系数、推广新技术数、推广新产品数、推广新设施数

续表

一级指标	二级指标	指标解释	采集数据
I_3 创新绩效	I_{31} 园区企业技术性收入与生产资料类产品销售收入占企业总产值比例	主要考察园区内企业的创新带动作用	园区企业技术性收入与生产资料类产品销售收入占企业总产值比例
	I_{32} 企业万元增加值能耗	企业万元增加值能耗是全球度量企业能耗的重要指标	企业万元增加值能耗
	I_{33} 年度孵化毕业企业数	年度孵化毕业企业数用于反映园区企业产业化创新绩效	年度孵化毕业企业数
	I_{34} 一二三产业融合度	园区二三产业产值占总产值比例用于反映园区一二三产业融合程度	园区二三产业产值占总产值比例
	I_{35} 土地产出率	土地产出率指单位土地上的平均年产值	土地产出率
	I_{36} 劳动生产率	劳动生产率是指单位劳动力的农业产值增加值	劳动生产率
	I_{37} 园区科普能力	园区科普能力的主要考察点为年参观人次与年培训人次	园区年度参观人次、园区年度培训人次
	I_{38} 园区创新品牌数		园区创新品牌数

二、国家农业科技园区创新能力评价数据来源

本报告采用的评价数据主要来源于国家农业科技园区创新能力监测取得的数据。而相关监测数据来源为园区管委会及园区内填报数据的企事业单位，园区管委会对各项填报数据负责。此外，所获取的数据还将通过地方科技部门把关、实地考察调研、随机数据抽查等方式加以验证。

三、国家农业科技园区创新能力评价参评园区名单

附表2　参加创新能力评价的国家农业科技园区名单

编号	简称	全称
1	昌平	北京昌平国家农业科技园区
2	顺义	北京顺义国家农业科技园区
3	通州	北京通州国家农业科技园区
4	延庆	北京延庆国家农业科技园区
5	津南	天津津南国家农业科技园区
6	滨海	天津滨海国家农业科技园区
7	三河	河北三河国家农业科技园区
8	唐山	河北唐山国家农业科技园区
9	邯郸	河北邯郸国家农业科技园区
10	石家庄	河北石家庄国家农业科技园区
11	定州	河北定州国家农业科技园区
12	沧州	河北沧州国家农业科技园区
13	晋中	山西晋中国家农业科技园区
14	运城	山西运城国家农业科技园区
15	吕梁	山西吕梁国家农业科技园区
16	赤峰	内蒙古赤峰国家农业科技园区
17	和林格尔	内蒙古和林格尔国家农业科技园区
18	乌兰察布	内蒙古乌兰察布国家农业科技园区
19	锡林郭勒	内蒙古锡林郭勒国家农业科技园区
20	阜新	辽宁阜新国家农业科技园区
21	辉山	辽宁辉山国家农业科技园区
22	海城	辽宁海城国家农业科技园区
23	铁岭	辽宁铁岭国家农业科技园区
24	公主岭	吉林公主岭国家农业科技园区
25	松原	吉林松原国家农业科技园区
26	通化	吉林通化国家农业科技园区
27	延边	吉林延边国家农业科技园区
28	哈尔滨	黑龙江哈尔滨国家农业科技园区
29	建三江	黑龙江建三江国家农业科技园区

续表

编号	简称	全称
30	大庆	黑龙江大庆国家农业科技园区
31	黑河	黑龙江黑河国家农业科技园区
32	浦东	上海浦东国家农业科技园区
33	崇明	上海崇明国家农业科技园区
34	常熟	江苏常熟国家农业科技园区
35	南京白马	江苏南京白马国家农业科技园区
36	淮安	江苏淮安国家农业科技园区
37	盐城	江苏盐城国家农业科技园区
38	徐州	江苏徐州国家农业科技园区
39	泰州	江苏泰州国家农业科技园区
40	南通	江苏南通国家农业科技园区
41	无锡	江苏无锡国家农业科技园区
42	连云港	江苏连云港国家农业科技园区
43	嘉兴	浙江嘉兴国家农业科技园区
44	杭州萧山	浙江杭州萧山国家农业科技园区
45	金华	浙江金华国家农业科技园区
46	湖州	浙江湖州国家农业科技园区
47	宿州	安徽宿州国家农业科技园区
48	芜湖	安徽芜湖国家农业科技园区
49	合肥	安徽合肥国家农业科技园区
50	铜陵	安徽铜陵国家农业科技园区
51	安庆	安徽安庆国家农业科技园区
52	蚌埠	安徽蚌埠国家农业科技园区
53	阜阳	安徽阜阳国家农业科技园区
54	马鞍山	安徽马鞍山国家农业科技园区
55	滁州	安徽滁州国家农业科技园区
56	池州	安徽池州国家农业科技园区
57	淮北	安徽淮北国家农业科技园区
58	漳州	福建漳州国家农业科技园区
59	宁德	福建宁德国家农业科技园区
60	泉州	福建泉州国家农业科技园区

续表

编号	简称	全称
61	南昌	江西南昌国家农业科技园区
62	井冈山	江西井冈山国家农业科技园区
63	新余	江西新余国家农业科技园区
64	上饶	江西上饶国家农业科技园区
65	丰城	江西丰城国家农业科技园区
66	萍乡	江西萍乡国家农业科技园区
67	赣州	江西赣州国家农业科技园区
68	寿光	山东寿光国家农业科技园区
69	东营	山东东营国家农业科技园区
70	烟台	山东烟台国家农业科技园区
71	济宁	山东济宁国家农业科技园区
72	泰安	山东泰安国家农业科技园区
73	临沂	山东临沂国家农业科技园区
74	德州	山东德州国家农业科技园区
75	许昌	河南许昌国家农业科技园区
76	南阳	河南南阳国家农业科技园区
77	鹤壁	河南鹤壁国家农业科技园区
78	濮阳	河南濮阳国家农业科技园区
79	郑州	河南郑州国家农业科技园区
80	新乡	河南新乡国家农业科技园区
81	兰考	河南兰考国家农业科技园区
82	商丘	河南商丘国家农业科技园区
83	漯河	河南漯河国家农业科技园区
84	焦作	河南焦作国家农业科技园区
85	安阳	河南安阳国家农业科技园区
86	驻马店	河南驻马店国家农业科技园区
87	周口	河南周口国家农业科技园区
88	武汉	湖北武汉国家农业科技园区
89	仙桃	湖北仙桃国家农业科技园区
90	荆州	湖北荆州国家农业科技园区
91	潜江	湖北潜江国家农业科技园区

续表

编号	简称	全称
92	望城	湖南望城国家农业科技园区
93	永州	湖南永州国家农业科技园区
94	衡阳	湖南衡阳国家农业科技园区
95	岳阳	湖南岳阳国家农业科技园区
96	湘潭	湖南湘潭国家农业科技园区
97	湘西	湖南湘西国家农业科技园区
98	怀化	湖南怀化国家农业科技园区
99	常德	湖南常德国家农业科技园区
100	广州	广东广州国家农业科技园区
101	湛江	广东湛江国家农业科技园区
102	河源	广东河源国家农业科技园区
103	百色	广西百色国家农业科技园区
104	北海	广西北海国家农业科技园区
105	桂林	广西桂林国家农业科技园区
106	儋州	海南儋州国家农业科技园区
107	三亚	海南三亚国家农业科技园区
108	忠县	重庆忠县国家农业科技园区
109	璧山	重庆璧山国家农业科技园区
110	丰都	重庆丰都国家农业科技园区
111	潼南	重庆潼南国家农业科技园区
112	乐山	四川乐山国家农业科技园区
113	广安	四川广安国家农业科技园区
114	雅安	四川雅安国家农业科技园区
115	内江	四川内江国家农业科技园区
116	南充	四川南充国家农业科技园区
117	贵阳	贵州贵阳国家农业科技园区
118	湄潭	贵州湄潭国家农业科技园区
119	毕节	贵州毕节国家农业科技园区
120	黔西南	贵州黔西南国家农业科技园区
121	安顺	贵州安顺国家农业科技园区
122	黔南	贵州黔南国家农业科技园区

续表

编号	简称	全称
123	黔东南	贵州黔东南国家农业科技园区
124	赤水	贵州赤水国家农业科技园区
125	红河	云南红河国家农业科技园区
126	昆明石林	云南昆明石林国家农业科技园区
127	楚雄	云南楚雄国家农业科技园区
128	玉溪	云南玉溪国家农业科技园区
129	拉萨	西藏拉萨国家农业科技园区
130	日喀则	西藏日喀则国家农业科技园区
131	榆林	陕西榆林国家农业科技园区
132	汉中	陕西汉中国家农业科技园区
133	咸阳	陕西咸阳国家农业科技园区
134	宝鸡	陕西宝鸡国家农业科技园区
135	定西	甘肃定西国家农业科技园区
136	天水	甘肃天水国家农业科技园区
137	武威	甘肃武威国家农业科技园区
138	西宁	青海西宁国家农业科技园区
139	海东	青海海东国家农业科技园区
140	吴忠	宁夏吴忠国家农业科技园区
141	银川	宁夏银川国家农业科技园区
142	固原	宁夏固原国家农业科技园区
143	石嘴山	宁夏石嘴山国家农业科技园区
144	伊犁	新疆伊犁国家农业科技园区
145	乌鲁木齐	新疆乌鲁木齐国家农业科技园区
146	和田	新疆和田国家农业科技园区
147	塔城	新疆塔城国家农业科技园区
148	克拉玛依	新疆克拉玛依国家农业科技园区
149	石河子	新疆生产建设兵团石河子国家农业科技园区
150	阿拉尔	新疆生产建设兵团阿拉尔国家农业科技园区
151	五家渠	新疆生产建设兵团五家渠国家农业科技园区
152	五一	新疆生产建设兵团五一国家农业科技园区
153	金州	大连金州国家农业科技园区

续表

编号	简称	全称
154	旅顺	大连旅顺国家农业科技园区
155	即墨	青岛即墨国家农业科技园区
156	慈溪	宁波慈溪国家农业科技园区
157	象山	宁波象山国家农业科技园区

四、国家农业科技园区创新能力评价测算过程

1.国家科技农业园区创新能力指数测算

采用对数标准化的方法对国家农业科技园区的创新能力评价指标数据进行标准化处理，具体公式如下：

$$I_{标} = \frac{\ln x - \ln x_{\min}}{\ln x_{\max} - \ln x_{\min}}$$

利用标准化处理后的数据计算园区的创新能力指数，具体公式如下：

$$I_{分} = \sum_{1}^{n} \omega_i \cdot I_{标}$$

$$I_{总} = \sum_{1}^{n} I_{分}$$

上式中，$I_{总}$为园区创新能力的总指数，$I_{分}$为创新支撑、创新水平和创新绩效3个分项指标得分，ω_i为分项指标下的二级指标权重，为了便于纵向对比，权重仍然沿用2013年创新能力指数计算使用的等权重赋值方法。

2.国家农业科技园区创新能力相对指数的测算

2015年国家农业科技园区创新能力相对指数的测算以2014年作为基期，设定2014年国家农业科技园区创新能力指数为100，具体计算过程如下：

2015年创新能力相对指数的单项指标得分通过2015年与2014年同一指标相除得到，公式如下：

$$I_{2014年单项} = \frac{2015年单项指标数据}{2014年单项指标数据}$$

在此基础上，利用指标权重（等权重）与单项指标得分相乘求和可以得到2015年国家农业科技园区创新能力相对指数，公式如下：

$$I_{2015年相对} = \sum_{1}^{n} \omega_i \cdot I_{2015年单项} \cdot 100$$

创新能力相对指数的测算能够直观清晰地反映出国家农业科技园区整体创新能力的发展情况。

3.国家农业科技园区创新能力的总体差异分析

利用泰尔系数对国家农业科技园区创新能力的总体状况和分项指标进行差异分析。泰尔系数的基本公式如下：

$$T = \sum_{p=1}^{N} \frac{Y_p}{Y} \ln\left(\frac{Y_p/Y}{1/N}\right)$$

（1）国家农业科技园区创新能力的总体差异分析

利用泰尔系数对国家农业科技园区创新能力的总体差异进行分析，具体公式如下：

$$T = T^B + T^w$$

$$T^B = \sum_{g=1}^{G} \frac{C_g}{C} \ln\left(\frac{C_g/C}{A_g/A}\right)$$

$$T^w = \sum_{g=1}^{G} \frac{C_g}{C} T_g，\ 其中，\ T_g = \sum_{p=1}^{A_g} \frac{C_{gp}}{C_g} \log\left(\frac{C_{gp}/C_g}{1/A_g}\right)$$

上式中，T代表国家农业科技园区创新能力的总体差异系数，T^B代表创新能力的区域间差异系数，T^w代表创新能力的区域内差异系数。C代表调查的国家农业科技园区创新能力指数之和，C_g代表某一区域的国家农业科技园区创新能力指数之和，C_{gp}代表单个园区的创新能力指数。A代表调查的国家农业科技园区的核心区面积之和，

A_g代表某一区域的国家农业科技园区的核心区面积之和。

（2）国家农业科技园区创新能力的分项指标差异分析

利用泰尔系数对国家农业科技园区创新能力分项指标的差异进行分析，具体公式如下：

$$T = T_i^B + T_i^w$$

$$T_i^B = \sum_{g=1}^{G} \frac{C_{gi}}{C_i} \ln\left(\frac{C_{gi}/C_i}{A_g/A}\right)$$

$$T_i^w = \sum_{g=1}^{G} \frac{C_{gi}}{C_i} T_{gi}, \text{ 其中 } T_{gi} = \sum_{p=1}^{A_g} \frac{C_{gpi}}{C_{gi}} \log(\frac{C_{gpi}/C_{gi}}{1/A_g})$$

分项指标区域差异分析方法与总体创新能力的分析方法相似，上式中，i取值分为1，2，3，分别代表创新支撑、创新水平和创新绩效3个分项指标。T_i^B代表各分项指标的区域间差异系数，T_i^w代表各分项指标的区域内差异系数。C_i代表调查的国家农业科技园区的各分项指标得分之和，C_{gi}代表某一区域的国家农业科技园区的各分项指标得分之和，C_{gpi}代表单个园区的分项指标得分。

4.国家农业科技园区的创新效率评价测算

利用数据包络分析即DEA的方法对国家农业科技园区的创新效率评价进行测算。数据包络分析是一个线形规划模型，表示为产出对投入的比率。通过对一个决策单元的效率和一组提供相同业务的决策单位的绩效进行比较，测算各决策单元的相对运行效率。在这个过程中，获得100%效率的一些单位被称为相对有效率单位，而另外效率评分低于100%的单位被称为无效率单位。通过对无效率和有效率单位的比较，发现降低无效率的方法，从而改善无效率单位的资源使用水平。通过对国家农业科技园区创新效率的测算，能够发现创新技术效率低下的园区，并可以通过与高效率园区的对比分析为国家农业科技园区的创新效率提升提供理论参考。

（1）国家农业科技园区创新效率的测算

利用数据包络分析的BCC模型测算国家农业科技园区创新的技术有效性，即技术效率，具体公式如下：

$$\begin{cases} \max \mu Y_{j_0} = V_p \\ st. \omega^T X_j - \mu Y_j \geq 0 (j=1,2\cdots,r) \\ \omega^T X_0 = 1 \\ \omega \geq 0, \mu \geq 0 \end{cases}$$

上式中，V_p代表各园区的创新技术效率，ω^T为投入变量的权重，μ为产出变量的权重，X_j为各园区的创新投入变量，包括园区的研发投入、科技人员投入、研发中心数量等，Y_j为园区的创新产出变量，包括园区获得的专利、引进和推广的植物和禽畜水产新品种、引进和推广的新产品、新技术和新设施等。

（2）国家农业科技园区创新效率的对比分析

在测算各园区创新技术效率的基础上，求出各区域的园区创新技术效率的平均值，公式如下：

$$\overline{V}_i = \frac{\sum_{p=1}^{n} V_p}{n}, \quad i=1,2,3$$

并且分别找出各区域中创新技术效率为1即具有效率的园区进行对比分析。

致 谢

本次国家农业科技园区创新能力评价是在科技部创新发展司、农村科技司的大力支持下开展的。在数据采集、评价指标和评价方法的制定过程中得到了有关专家和地方科技主管部门、各国家农业科技园区的帮助,在此一并表示感谢。